北京文化书系
创新文化丛书

北京社会生活创新

中共北京市委宣传部
北京市社会科学院　　组织编写

唐立军　鲁亚　等　著

北京出版集团
北京出版社

图书在版编目（CIP）数据

北京社会生活创新 / 中共北京市委宣传部，北京市
社会科学院组织编写；唐立军等著. — 北京：北京出
版社，2023.3
（北京文化书系. 创新文化丛书）
ISBN 978-7-200-16907-2

Ⅰ. ①北… Ⅱ. ①中… ②北… ③唐… Ⅲ. ①社会生
活—研究—北京 Ⅳ. ①D669.3

中国版本图书馆 CIP 数据核字（2021）第 256835 号

北京文化书系　创新文化丛书
北京社会生活创新
BEIJING SHEHUI SHENGHUO CHUANGXIN
中共北京市委宣传部
北京市社会科学院　组织编写

唐立军　鲁亚　等　著

*
北　京　出　版　集　团
　　　　　　　　　　　　　出版
北　京　出　版　社
（北京北三环中路6号）
邮政编码：100120

网　　址：www.bph.com.cn
北 京 出 版 集 团 总 发 行
新　华　书　店　经　销
北京华联印刷有限公司印刷
*
787毫米×1092毫米　　16开本　　15.5印张　　214千字
2023年3月第1版　　2023年3月第1次印刷
ISBN 978-7-200-16907-2
定价：210.00元
如有印装质量问题，由本社负责调换
质量监督电话：010-58572393；发行部电话：010-58572371

"北京文化书系" 编委会

主　　任　莫高义　杜飞进

副 主 任　赵卫东

顾　　问 （按姓氏笔画排序）

于　丹　刘铁梁　李忠杰　张妙弟　张颐武

陈平原　陈先达　赵　书　宫辉力　阎崇年

熊澄宇

委　　员 （按姓氏笔画排序）

王杰群　王学勤　刘军胜　许　强　李　良

李春良　杨　烁　余俊生　宋　宇　张　际

张　维　张　淼　张劲林　张爱军　陈　冬

陈　宁　陈名杰　赵靖云　钟百利　唐立军

康　伟　韩　昱　程　勇　舒小峰　谢　辉

翟立新　翟德罡　穆　鹏

"创新文化丛书"编委会

"北京文化书系"
序言

　　文化是一个国家、一个民族的灵魂。中华民族生生不息绵延发展、饱受挫折又不断浴火重生，都离不开中华文化的有力支撑。北京有着三千多年建城史、八百多年建都史，历史悠久、底蕴深厚，是中华文明源远流长的伟大见证。数千年风雨的洗礼，北京城市依旧辉煌；数千年历史的沉淀，北京文化历久弥新。研究北京文化、挖掘北京文化、传承北京文化、弘扬北京文化，让全市人民对博大精深的中华文化有高度的文化自信，从中华文化宝库中萃取精华、汲取能量，保持对文化理想、文化价值的高度信心，保持对文化生命力、创造力的高度信心，是历史交给我们的光荣职责，是新时代赋予我们的崇高使命。

　　党的十八大以来，以习近平同志为核心的党中央十分关心北京文化建设。习近平总书记作出重要指示，明确把全国文化中心建设作为首都城市战略定位之一，强调要抓实抓好文化中心建设，精心保护好历史文化金名片，提升文化软实力和国际影响力，凸显北京历史文化的整体价值，强化"首都风范、古都风韵、时代风貌"的城市特色。习近平总书记的重要论述和重要指示精神，深刻阐明了文化在首都的重要地位和作用，为建设全国文化中心、弘扬中华文化指明了方向。

　　2017年9月，党中央、国务院正式批复了《北京城市总体规划（2016年—2035年）》。新版北京城市总体规划明确了全国文化中心建设的时间表、路线图。这就是：到2035年成为彰显文化自信与多元包容魅力的世界文化名城；到2050年成为弘扬中华文明和引领时代潮流的世界文脉标志。这既需要修缮保护好故宫、长城、颐和园等享誉中外的名胜古迹，也需要传承利用好四合院、胡同、京腔京韵等具有老北京地域特色的文化遗产，还需要深入挖掘文物、遗迹、设施、景点、语言等背后蕴含的文化价值。

组织编撰"北京文化书系"，是贯彻落实中央关于全国文化中心建设决策部署的重要体现，是对北京文化进行深层次整理和内涵式挖掘的必然要求，恰逢其时、意义重大。在形式上，"北京文化书系"表现为"一个书系、四套丛书"，分别从古都、红色、京味和创新四个不同的角度全方位诠释北京文化这个内核。丛书共计47部。其中，"古都文化丛书"由20部书组成，着重系统梳理北京悠久灿烂的古都文脉，阐释古都文化的深刻内涵，整理皇城坛庙、历史街区等众多物质文化遗产，传承丰富的非物质文化遗产，彰显北京历史文化名城的独特韵味。"红色文化丛书"由12部书组成，主要以标志性的地理、人物、建筑、事件等为载体，提炼红色文化内涵，梳理北京波澜壮阔的革命历史，讲述京华大地的革命故事，阐释本地红色文化的历史内涵和政治意义，发扬无产阶级革命精神。"京味文化丛书"由10部书组成，内容涉及语言、戏剧、礼俗、工艺、节庆、服饰、饮食等百姓生活各个方面，以百姓生活为载体，从百姓日常生活习俗和衣食住行中提炼老北京文化的独特内涵，整理老北京文化的历史记忆，着重系统梳理具有地域特色的风土习俗文化。"创新文化丛书"由5部书组成，内容涉及科技、文化、教育、城市规划建设等领域，着重记述新中国成立以来特别是改革开放以来北京日新月异的社会变化，描写北京新时期科技创新和文化创新成就，展现北京人民勇于创新、开拓进取的时代风貌。

为加强对"北京文化书系"编撰工作的统筹协调，成立了以"北京文化书系"编委会为领导、四个子丛书编委会具体负责的运行架构。"北京文化书系"编委会由中共北京市委常委、宣传部部长莫高义同志和市人大常委会党组副书记、副主任杜飞进同志担任主任，市委宣传部分管日常工作的副部长赵卫东同志担任副主任，由相关文化领域权威专家担任顾问，相关单位主要领导担任编委会委员。原中共中央党史研究室副主任李忠杰、北京市社会科学院研究员阎崇年、北京师范大学教授刘铁梁、北京市社会科学院原副院长赵弘分别担任"红色文化""古都文化""京味文化""创新文化"丛书编委会主编。

在组织编撰出版过程中，我们始终坚持最高要求、最严标准，突出精品意识，把"非精品不出版"的理念贯穿在作者邀请、书稿创作、编辑出版各个方面各个环节，确保编撰成涵盖全面、内容权威的书系，体现首善标准、首都水准和首都贡献。

我们希望，"北京文化书系"能够为读者展示北京文化的根和魂，温润读者心灵，展现城市魅力，也希望能吸引更多北京文化的研究者、参与者、支持者，为共同推动全国文化中心建设贡献力量。

"北京文化书系"编委会

2021年12月

"创新文化丛书"
序言

　　习近平总书记指出，"文化是一个国家、一个民族的灵魂"，"创新是一个国家、一个民族发展进步的不竭动力"。深入把握创新文化发展规律，积极推进创新文化体系建设，激发全民族创新的热情和活力，为实现中华民族伟大复兴中国梦凝心聚力，是全面建设社会主义现代化强国的战略支撑，是实现中华民族伟大复兴宏伟蓝图的精神追求。

　　党的十八大以来，北京市委市政府坚决贯彻习近平总书记对北京一系列重要讲话精神，深入落实习近平总书记关于社会主义文化建设的重要论述，坚决扛起建设全国文化中心的职责使命，不断深化首都文化的内涵的认识，集中做好首都文化这篇大文章。首都文化主要包括源远流长的古都文化、丰富厚重的红色文化、特色鲜明的京味文化和蓬勃兴起的创新文化。做好首都文化建设这篇大文章，就要把上述四种文化进一步挖掘并弘扬光大。

　　在北京四种文化中，创新文化是富有时代感，与新时代首都发展联系紧密的一种文化形态。北京的发展史也是以创新文化为内核的城市发展史，是贯穿于不同时期、不同领域、各个方面创新实践活动之中的底蕴和精神内核，从而塑造出北京的首都风范、古都风韵和时代风貌的城市特色，缔造出首都独特的精神标识。进入新时代，放眼世界，面向未来，以创新文化引领为先导，以实现中华民族伟大复兴为己任，以高度文化自信，推动创新文化完善与弘扬，必将不断为新时代首都高质量发展开创新境界，提供新动力。

创新文化是在一定社会历史条件下，在创新实践中所形成的文化生态，以追求变革、崇尚创新为基本理念和价值取向，在促进资源高效配置中发挥着重要作用，主要包括有关创新的观念文化、制度文化和环境文化等。创新文化是以创新为内核的文化体系，为一切创新实践提供方向引领、精神动力和营造文化氛围。

　　北京创新文化深深根植于首都经济社会生活，她以创新理念引领新时代首都发展，以创新制度支撑新发展格局，以创新环境助力高质量发展，以创新成果促进人的全面发展。

　　"不忘本来才能开辟未来，善于继承才能更好创新。"北京这座历史文化名城是中华文明源远流长的伟大见证，历经3000多年建城史、860多年建都史，继承兼容并蓄的开放理念和进取精神，深厚的文化底蕴为北京创新文化的形成奠定了坚实的基础。新中国成立以来，从首都建设到首都经济，再到首都发展，北京始终坚持把传承和弘扬中华民族文化和建设全国文化中心有机统一起来，以悠久的北京地域文化为基础，涵容国内不同地域、不同民族的多样文化，吸收海外文化，特别是作为首都城市，在波澜壮阔的伟大实践中所形成的精神理念和价值追求，不仅具有开放包容和与时俱进的特征，更富有鲜明的使命担当和首善一流的特质。

　　使命担当是北京创新文化的固有特征。北京是伟大社会主义祖国的首都、迈向中华民族伟大复兴的大国首都、国际一流的和谐宜居之都，北京创新文化具有强烈的国家富强、民族复兴的使命感和责任感。北京创新文化始终把"四个中心""四个服务"作为定向标，自觉从国家战略要求出发谋划和推动发展，书写了从首都建设到首都经济，再到新时代首都发展的一幅幅辉煌篇章。

　　开放包容是北京创新文化的本质特征。在北京，传统文化与现代文化融合，东方文明与西方文明交汇，为北京注入更为丰富的创新文化内涵。中关村鼓励创新、支持创造、宽容失败，一大批高科技企业从这里走向全国、走向世界，成为北京创新文化的优秀代表。在经济全球化深入发展的大背景下，北京持续奋力深化国际交流合作，充分利用全球创新资源，在更高起点上推进自主创新。

时代引领是北京创新文化的重要特征。新中国成立初期，为彻底改变旧中国贫穷落后的面貌，北京提出"建设成为我国强大的工业基地和技术科学中心"的发展目标。改革开放初期，北京积极响应"科学技术必须面向经济建设，经济建设必须依靠科学技术"的方针要求，中关村成为中国科技创新发展的一面旗帜。新时代，北京迎接新一轮科技革命和产业变革浪潮，肩负建设国际科技创新中心重任，加快建设国际数字经济标杆城市，抓住"两区"建设重大历史机遇，为党和人民续写更大光荣。

首善一流是北京创新文化的独有特征。"建首善自京师始，由内及外"。首都工作历来具有代表性、指向性，善于在"首都"二字上做文章，始终把"建首善、创一流"作为工作标尺，先觉、先行、先倡，善于在攻坚克难上求突破，推动各项工作创先争优、走在前列、创造经验、发挥表率，努力创造多彩多样的首都特色的"优品""名品"。

北京是国家理念、制度、技术、文化创新发展主要策源地，集聚了国家级创新资源和平台。北京创新文化表现形态无比丰富，北京科技创新、城市规划建设创新、文学艺术创新、社会生活创新等领域的创新文化，是北京创新文化的重要体现，这些创新文化成果既来之于人民丰富多彩的创新实践，也得益于党和政府对创新文化的自觉建设和不懈培育。北京在创新文化培育建设中不断探索和积累，不仅善于从人民群众火热的创新实践中总结提升，更注重创新文化中的制度文化建设，注重营造鼓励创新、尊重首创的浓厚的文化氛围。

尊重首创是北京创新文化建设的首要原则。"历史是人民书写的，一切成就归功于人民"，北京在创新文化培育实践中，充分尊重人民群众的首创精神，最大程度汇聚人民群众的智慧，最大限度发挥人民群众在创新实践活动中的能动作用，将不同时期人民群众在创新实践活动中形成的创新文化予以总结、提炼和升华，形成人民群众喜闻乐见和自觉践行的文化理念和文化价值。

与时俱进是北京创新文化建设的基本要求。北京在培育创新文化实践中，始终紧扣时代发展的脉搏和国家发展的需求，与民族复兴、社会发展同频共振，积极主动承当攻坚克难重任，发力代表未来发展方向、有利于社会进步的重大创新实践活动，回应时代需求、满足人民需要。

制度保障是北京创新文化建设的重要支撑。北京在创新文化培育实践中，既注重将人民群众创新实践中的好做法、好经验制度化，使其在更大范围、以更稳定的制度形式促进和保护创新实践，更重视调查研究、重点突破制约创新实践活动的痛点、难点，在体制机制上改革创新，形成适宜于创新的制度体系，为创新实践提供动力和保障，让各项创新事业都有章可循、有法可依。

环境营造是北京创新文化建设的重要抓手。北京在创新文化培育实践中，始终以"营造一流创新生态，塑造科技向善理念"为目标，聚集全球人才、资本、技术等创新要素，健全激励、开放、竞争的创新生态，让每一个有创新梦想的人都能专注创新，让每一份创新活力都能充分迸发，为新时代首都高质量发展贡献聪明才智。

历史的北京是创新融入血脉、化为基因的文明之城；今天的北京是富有创新优势、创新实力、创新潜质的活力之城；未来的北京，是在创新引领中迈向中华民族伟大复兴的大国首都，在迈向中华民族伟大复兴进程中实现创新引领的光荣之城。

二

北京的创新文化根植于首都丰富多彩的创新实践。回顾北京创新文化的发展历程，创新文化与首都建设、首都经济和首都发展阶段的中心任务紧密联系，在促进发展的同时，形成了不同阶段创新文化的鲜明特色和亮丽成绩。

新中国成立伊始，为保卫新生政权，中国必须在较短的时期建立完整的国防体系和工业体系，由此国家确立优先发展重工业的战略。

北京加快工业项目建设步伐，建成酒仙桥电子城等六大工业基地，全力支持"两弹一星"攻关，取得一系列国防科技重大突破。北京创新文化中使命担当的精神内核正是在这个时期更加凸显出来。在这个时期，一大批科学家和首都广大建设者们以忘我的精神，艰苦奋斗，艰苦创业，体现出热爱祖国、无私奉献的爱国情怀；也是在这个时期，钱学森等一批海外爱国学子冒着生命危险辗转归国，投身新中国伟大的事业，体现出强烈的赤子情怀和爱国精神。

改革开放伊始，邓小平提出科学技术是第一生产力，开启了科技创新的新时代。"知识就是力量"成为时代信仰，"尊重知识、尊重人才"为创新文化营造了良好的发展环境。这一时期，国家提出面向经济建设的追赶战略，北京也开始积极探索经济转型之路。作为首都和全国政治中心、文化中心，北京从自身优势出发，紧抓实施"科教兴国"国家战略与"首都经济"城市发展的重大机遇，充分发挥文化、科技、教育、人才等优势，调整和限制工业结构，大力发展第三产业和高新技术产业。在这个时期，一大批科研工作者纷纷下海创业，在中关村创立了首批民办科技企业，以"勇于突破、敢为人先"的创业精神，推动中关村由"电子一条街"向北京市新技术产业开发试验区发展。中关村也成为我国科技园区建设的开拓者、先行者。此后，一大批海外留学归国人员归国创业，新浪、搜狐、百度等一批科技企业应运而生，北京发展成为全国高技术创新创业高地，鼓励创新、宽容失败、包容开放的创新文化氛围日益浓厚。

党的十八大以来，习近平总书记多次视察北京并发表重要讲话，要求北京坚持"四个中心"城市功能定位，回答好"建设一个什么样的首都，怎样建设首都"这一重大时代课题，为新时代首都发展提供了遵循。北京认真落实习近平总书记一系列重要讲话精神，以创新理论推动创新实践，以创新精神驱动创新发展，高水平编制《北京城市总体规划（2016–2035）》，以创新的规划引领首都未来可持续发展，以创新理念回答新时代首都高质量发展中所面临的挑战。具体包括以下几方面。

加强"四个中心"功能建设、提高"四个服务"水平。十八大以来，北京以创新驱动为引领，加快形成国际科技创新中心，发挥"三城一区"主平台作用，加强三个国家实验室、怀柔综合性国家科学中心、中关村国家自主创新示范区建设，逐步形成世界主要科学中心和创新高地。同时围绕"一核一城三带两区"总体框架，深化全国文化中心建设，文化事业和产业蓬勃发展，文化软实力和影响力不断提升。

主动服务和融入新发展格局，推动经济高质量发展。近年来，北京发挥科技创新优势，巩固完善高精尖产业格局，前瞻布局未来产业，培育具有全球竞争力的万亿级产业集群。同时，以制度创新为核心，高标准推进"两区"建设。坚持数字赋能产业、城市、生活，实施智慧城市发展行动，建设全球数字经济标杆城市，打造引领全球数字经济发展高地。以供给侧结构性改革创造新需求，加紧国际消费中心城市建设。坚持"五子"联动融入新发展格局，将"两区"建设、国际科技创新中心建设和全球数字经济标杆城市建设有机融合，扎实推动高质量发展。

紧抓疏解非首都功能这个"牛鼻子"、促进京津冀协同发展。北京不断进行制度创新，深入开展疏整促治理提升专项行动，高水平建设城市副中心，扎实推进国家绿色发展示范区、通州区与北三县一体化高质量发展示范区建设，疏解非首都功能取得重要进展，成为全国首个减量发展的城市，环境质量明显改善，大城市病治理取得积极成效，京津冀协同发展迈出坚实步伐。

持续推动北京绿色发展。北京以科技创新和理念创新为抓手，全面推进绿色低碳循环发展，大力发展绿色经济，倡导简约适度、绿色低碳生活方式。持续开展"一微克"行动，深化国家生态文明建设示范区、"两山"实践创新基地创建，强化"两线三区"全域空间管控，完善生态文明制度体系。

不断提升首都城市现代化治理水平。北京以民生和社会领域改革创新为切入点，将"七有""五性"作为检验北京社会工作的标尺，以"接诉即办"改革为抓手，及时回应民众诉求，提升基层治理水平，探索形成以接诉即办为牵引的超大城市治理"首都样板"，不断增强人民群众的获得感、幸福感和安全感。

三

北京创新文化不仅根植于不同时期首都创新发展的生动实践，同时也体现在首都发展的方方面面。本丛书从丰富的北京创新文化中选取了科技、文学艺术、城市规划建设、社会生活等领域的创新文化实践，从更鲜活更生动的视角反映北京创新文化的不同侧面。

科技创新领域所体现的创新文化最能够体现北京创新文化的本质特征。北京的科技创新理念从建国初期的"自力更生，军民兼顾"到改革开放时期的"敢为人先，科技与经济结合"，再到新时代的"创新驱动，高质量发展"，始终随着国家大政方针和科技战略的演进，以及北京自身发展的需要而不断发展，由此形成了特有的北京科技创新文化。中关村创新文化是北京科技创新文化的典型代表。中关村始终站在我国改革开放的潮头，是我国科技创新的领头羊，也是我国体制机制创新的试验田，是中国创新发展的一面旗帜。

文学艺术领域的创新文化既是文学创新生命力所在，也是北京创新文化的生动体现。北京文学艺术在70多年的发展进程中，引导了各种新思想、新观念和新潮流，同时充分显示出北京这座历史古城的鲜明特色。新中国成立初期，北京积极进取的文学艺术氛围，激励培育出新中国第一代作家，也产生了《雷雨》《茶馆》《穆桂英挂帅》等一批经典作品。改革开放后，北京文艺界所创作的《青春万岁》《渴望》《皇城根》等一批文学艺术精品，是北京文学艺术领域解放思想、鼓励创新文学创新的结果，同时这些成果又进一步促使人们从"文革"伤痛中解脱出来，解放思想，打破禁区，开创美好未来新生活。随着科技的进步和发展，数字技术进入人们生活的方方面面，北京文学创作与数字技术紧密结合，"新文创"成为数字文化领域的发展主流，数字赋能文化，使得北京的文化创新焕发出更为蓬勃的生机。

北京日新月异的城市面貌离不开不断创新的北京城市规划建设。在首都建设时期，北京城市规划与建设领域以创新的精神，把具有3000多年悠久历史的城市与现代城市发展要求相结合，大手笔规划城市建设，既保持了传统首都发展的韵味，又呈现国际大都市的发展气魄，尤其是这个时期建设的人民大会堂、中国历史博物馆等"十大建筑"成为世界瞩目、载入中国建筑史册的经典"名品"。在首都经济时期，北京以2008年奥运为契机，加快建设城市轨道交通，优化城市空间格局，城市面貌发生深刻变化，尤其是这个时期建设的鸟巢、水立方、国家大剧院、中央电视台等一批现代化建筑耀眼世界。新时代首都发展时期，北京城市规划建设领域遵循习近平总书记提出的关于"建设一个什么样的首都，怎样建设首都"这一指示要求，编制新的一版北京城市总体规划，坚持一张蓝图绘到底，以规划引领城市发展，统筹经济社会和空间布局优化调整，推进首都城市向减量提质方向转型发展，成功举办冬奥会和冬残奥会，成为世界上首个"双奥"之城。

北京社会生活创新文化是北京创新文化中与人民群众幸福感、获得感联系最紧密最直接的创新文化形式。北京社会生活创新与时代发展和生产力发展水平紧密关联。从新中国成立初期艰苦奋斗、"勒紧裤腰带过日子"到改革开放人民物质生活日益丰富、精神生活不断充实提高，再到新时代人们日益追求更高品质的生活，北京始终坚持以人民为中心的发展理念，以"民有所呼、我有所应"为目标，紧扣"七有"要求和"五性"需要，不断创新社会治理，切实增进民生福祉，为建设国际一流的和谐宜居之都贡献北京方案。

四

创新文化随着创新实践不断发展，同时又为创新实践提供方向引领和重要动力，加强创新文化建设也要与时俱进。

进入新时代，世界百年未有之大变局加速演进，各国围绕科技创新的竞争日趋激烈，中华民族伟大复兴也进入了新的阶段，弘扬和繁荣蓬勃向上的创新文化不仅是提升科技创新硬实力的重要基础，更是保持强劲国际竞争力和实现中华民族伟大复兴的关键所在。北京作为全国创新资源最富集的城市，要在创新驱动国家战略实施中发挥更大的作用，实现更大的作为，就必须把加强新时代创新文化建设与发展放在突出地位。

第一，坚定文化自信，强化文化引领。北京创新文化是在北京数十年伟大创新实践中形成和发展起来的，她一方面源自于中华优秀传统文化，另一方面也源自于社会主义制度巨大优越性，源自于首都广大干部群众对于社会主义事业的无限热爱和不懈追求。新时代北京创新文化建设要进一步坚定文化自信，进一步弘扬崇尚科学、大胆探索、敢于创造、自强不息、日益进取的创新文化，同时，要充分发挥北京创新文化对首都发展的精神引领作用，进一步聚集人才、资本、技术等创新要素，充分释放创新文化对凝聚人心、激励创新的价值，形成北京创造活力竞相迸发、聪明才智充分涌流，推动首都高质量发展的强大动力。

第二，坚持首都定位，牢记国之大者。首都工作关乎"国之大者"，建设和管理好首都，是国家治理体系和治理能力现代化的重要内容。进入新时代，弘扬繁荣北京创新文化要坚持首都城市功能定位，把创新文化建设与"四个中心"和"四个服务"紧密结合起来，发挥北京创新文化对北京工作的引领作用，以首善标准更好履行首都职责和使命，同时，在新的伟大创新实践中进一步丰富北京创新文化。

第三，紧扣时代脉搏，突出守正创新。北京创新文化的形成发展与北京在不同时期所承担使命责任紧密联系，与时代发展的要求相适应。新时代北京创新文化建设要与时俱进，自觉承担新时代国家发展和民族复兴对首都的新要求，自觉履行首都城市功能定位、服务国家建设。北京创新文化建设要处理好"守正"与"创新"的关系，坚持社会主义核心价值观和中国传统文化的优秀文化基因，同时，要根据变化了的形势和新时代要求赋予创新文化以新的内涵，不断丰富北京创新文化。

第四，坚持面向世界，讲好"北京创新故事"。弘扬和繁荣北京创新文化还要坚持引进来与走出去相结合。北京创新文化具有海纳百川的开放气概。进入新时代，北京创新文化的繁荣和壮大更需要文化认同感，更需要发挥走出去的作用，把北京的创新文化传播出去，一方面要总结好各行业、各领域、各群体的创新经验、创新事迹，另一方面要积极融入全球创新网络，创新载体平台和传播方式，向世界讲好"北京创新故事"。

"创新文化丛书"编委会

目　录

导　论

中华人民共和国成立70多年来,中国特色社会主义建设经历了伟大历程,中国特色社会主义事业取得了辉煌成就。北京作为中华人民共和国首都,正努力在全面建设社会主义现代化国家新征程中走在前列。

党的十八大以来,习近平总书记9次视察北京,14次对北京发表重要讲话,深刻阐述了"建设一个什么样的首都、怎样建设首都"这个重大时代课题,充分体现了习近平总书记对首都人民的深情厚谊、对首都工作的高度重视和巨大关怀,为新时代谱写首都发展新篇章指明方向。在以习近平同志为核心的党中央坚强领导下,北京市委、市政府坚决增强"四个意识"、坚定"四个自信"、做到"两个维护"、做好"四个服务",团结一心、砥砺奋进,加强"四个中心"功能建设,在推进具有深厚文脉底蕴和文化资源集聚的"全国文化中心建设"方面,旗帜鲜明地形成古都文化、红色文化、京味文化和创新文化氛围,彰显首都城市特色、北京城市特点。首都北京"全国文化中心建设"将凭借"四个文化"根基,更加充分地展示中国特色社会主义先进文化之都的人文关怀、古今文化魅力。

古都文化是首都文化的根脉,红色文化是首都文化的灵魂,京味文化是首都文化的底色,创新文化是首都文化的动力。首都"四个文化"内涵的表征,成为服务"全国文化中心建设"的重大课题。北京社会生活创新,是对首都创新文化内涵的深度挖掘,是北京社会主义物质文明和精神文明建设成就的直接体现,也是中国特色社会主义

"全国文化中心建设"的重要组成部分。

马克思主义认为:"全部社会生活在本质上是实践的。"① "只有社会主义才可能根据科学的见解来广泛推行和真正支配产品的社会生产和分配,也就是如何使全体劳动者过最美好、最幸福的生活。只有社会主义才能实现这一点。我们知道社会主义应该实现这一点,而马克思主义的全部困难和全部力量,也就在于了解这个真理。"② "中国特色社会主义进入新时代,我国社会主要矛盾已经转化为人民日益增长的美好生活需要和不平衡不充分的发展之间的矛盾。"③对最美好、最幸福生活的追求是人类文明进步最持久的力量。中国特色社会主义制度,应该也能够使全体劳动者过上最美好、最幸福的生活,因为中国共产党的初心就是"永远把人民对美好生活的向往作为奋斗目标"④。这表明,人民对美好生活向往的实现,是需要不懈奋斗的,是需要在人民的伟大实践中创造的。

中国特色社会主义事业"五位一体"总体布局的划分,也是人民生活的领域划分。在这样的理论分析框架指导下,美好生活也应该是中国特色社会主义事业"五位一体"的美好生活。其中,美好社会生活,关乎百姓日常生活,属于满足民生福祉、促进社会治理进步的社会建设范畴。由此,社会生活创新的内涵也就是在满足民生福祉、促进社会治理进步需要的目标过程中,能动性地推动社会生活革新的创造性制度安排及价值观实践。

新时代,人民对美好生活的向往更加强烈,期盼在更高水平上实现幼有所育、学有所教、劳有所得、病有所医、老有所养、住有所居、弱有所扶;期盼在更高水平上实现人人有责、人人尽责、人人享

① 《马克思恩格斯选集》(第1卷),北京:人民出版社,1995年版,第56页。
② 列宁:《在国民经济委员会第一次代表会上的演说》,选自《列宁选集》(第3卷),北京:人民出版社,1972年版,第571页。
③ 《党的十九大报告辅导读本》,北京:人民出版社,2017年版,第19页。
④ 《习近平新时代中国特色社会主义思想学习纲要》,北京:学习出版社/人民出版社,2019年版,第40页。

有的社会治理共同体价值取向。

中国特色社会主义社会生活实践中，中国共产党始终处于核心领导地位，始终引领着中国特色社会主义社会生活创新的政治方向，始终同人民根本利益在一起，以人民忧乐为忧乐，以人民甘苦为甘苦，努力为人民创造更美好、更幸福的社会生活。

中华人民共和国成立70多年来，为全面展示首都创新文化内涵，系统地体现中国特色社会主义"全国文化中心建设"的核心要义，结合首都北京百姓社会生活实际，采用社会生活变迁的视角，重点通过8个章节的主题，展开70多年来在中国共产党的领导下首都人民经过伟大奋斗历程创造的社会生活绚丽画卷，接续绘出迈向全面实现社会主义现代化美好社会生活更加绚丽的画卷。这正是课题组研究和写作《北京社会生活创新》一书的初衷。

第一章

美好生活：奋斗历程与创新实践

中华人民共和国成立70多年来，中国共产党始终不渝地带领全国各族人民干革命、搞建设、抓改革，为人民谋利益，不断创造美好生活，让群众过上好日子，实现了从"一穷二白"、温饱、总体小康到全面建成小康社会的历史性飞跃。衣食住行用、家庭婚姻、教育、文化、健康、养老、休闲、社区等社会生活领域取得开创性成就，举世瞩目。首都北京作为首善之区，努力率先实现全面建成小康社会，以提高保障和改善民生、创新社会治理的社会建设实践走在全国前列，百姓生活蒸蒸日上，基层社会治理愈加精细，人民群众在首都改革中的获得感、幸福感和安全感显著增强。新时代，首都北京牢固树立以人民为中心的发展思想，顺应人民群众对美好生活的新期待，紧扣"七有"要求①和"五性"需求②，坚持"民有所呼、我有所应"的治理目标，抓住人民群众最关心、最直接、最现实的利益问题，突出解决人民群众的操心事、烦心事、揪心事，向畅通服务群众"最后一公里"奋起发力，不断创造百姓社会生活新场景新体验，不断注入百姓美好生活新动能，切实增进民生福祉，切实创新社会治理，夯实"四个中心"功能建设，正向率先基本实现社会主义现代化新征程迈进，正努力建设好伟大社会主义祖国的首都、迈向中华民族伟大复兴的大国首都、国际一流的和谐宜居之都，持续谱写全面实现社会主义现代化北京新篇章。

---

① 党的十九大报告指出，必须多谋民生之利、多解民生之忧，在发展中补齐民生短板、促进社会公平公正，在幼有所育、学有所教、劳有所得、病有所医、老有所养、住有所居、弱有所扶上不断取得新进展。

② 北京市委提出，随着我国社会主要矛盾转化为人民日益增长的美好生活需要和不平衡不充分的发展之间的矛盾，北京市民对美好生活的需要呈现出"便利性、宜居性、多样性、公正性、安全性"的新特点。

第一节　社会生活变迁

1949年10月1日，首都30万群众齐聚天安门广场，隆重举行开国大典。在群众的欢呼声中，毛泽东主席在天安门城楼上庄严宣告："中华人民共和国中央人民政府今天成立了。"[①]中国人民从此站起来了，成为新国家、新社会的主人。1978年12月，党的十一届三中全会召开，中国进入了改革开放的新时期，富起来是新时期的显著标志。2012年11月，党的十八大标志中国进入社会主义现代化建设的新时代，强起来是新时代的奋斗目标。生活在伟大祖国首都北京的人民群众，在党中央领导下，以饱满的政治热情和创造性的劳动，消除旧社会的遗迹，揭开了首都发展历史的新篇章，开拓光明的新未来，不忘初心、牢记使命，走向新时代的美好生活。

一、勤俭节约，创造新生活

中华人民共和国成立伊始，首都北京继承的是一个十分落后、千疮百孔的烂摊子，"一穷二白"，通货膨胀、粮食短缺、物价飞涨、失业众多、民生困苦、交通梗阻等社会问题突出。为迅速恢复国民经济，变消费城市为生产城市，改善百姓社会生活，在"先治坡后置窝"以及生活改善绝不超过生产增长的情况下，战略上藐视困难，战术上重视困难，生产上增产节约，劳动中发扬实干、苦干、巧干精神，生活上提倡节俭。"勤俭节约"总基调贯穿这一时期党的方针政策和人民群众的社会生活。首都百姓在"勤俭节约"的精神引领下不断努力奋斗，创造新生活。

---

① 中共中央党史研究室编：《中国共产党的七十年》，北京：中共党史出版社，1991年版，第271页。

（一）勤俭建国

中共北京市委首次在"1950年工作方针"中强调"开展节约运动，反对浪费"。在此方针指引下，首都各行各业积极开展"爱国增产节约运动，减少浪费，降低成本"；为克服材料浪费，实行"统一采购、统一调拨、统一运输、统一保管"的方针，开展"三反""五反"，粮食、猪肉、布匹等实行凭票供应，计划经济体制逐步形成。1959年掀起增产节约运动高潮。

（二）增产节约

在北京城乡、各行各业掀起轰轰烈烈的增产节约运动高潮。

1954年，南苑西五号村郭长有互助组转为合作社后，社员们发挥生产积极性，下雪天天没亮就动身赶大车到北京城里运粪肥，增加耕地肥力，提高农业生产。1958年到1960年，由于天灾和工作中的错误，生产遭到破坏。1961年，贯彻经济领域"十二条""农业六十条"之后，农村公社、大队及各生产小队落实"三包"，生产逐步恢复，生活逐渐改善，群众的生产劲头越来越足，集体经济日益巩固。1949年至1965年，北京完成农业产值从1.37亿元（1952年不变价格计算）增长到4.59亿元，粮食总产量从8.34亿斤增加到23.8亿斤，棉花产量从457万斤增加到1822万斤，生猪存栏数从36.4万头增加到145.4万头，蔬菜从2.1亿斤增加到26.8亿斤。大兴县东芦城副小队长说："现在出门有车骑，上炕有匣子（收音机）听，桌上有钟，厨里有肉，囤里有米，袋里有钱，往后就该提酒瓶子了！"鹅房支部组委杨甫说："社员的生活够'社会'的了，今后怎么办？想不出来了，一句话，'知足了'。"[①]

1962年，北京市墨水厂管包装纸盒的人员孙叔德从刀锋下功夫，提高出盒率，使一个纸盒的纸张费用减少了"一厘钱"，全厂一个月

---

① 陆学艺、贾信德：《芦城公社见闻》，源自北京市档案馆，档案号T19630215DPaAB01。

节省8令纸。"一厘钱"精神深入人心，被广泛倡导、宣传学习，城市工厂掀起节约生产风潮。1949年至1965年，工业总产值从1.69亿元（1952年不变价格计算）增加到59.2亿元，钢铁从2.6万吨增加到35.6万吨，发电量从1.5亿度增加到38.2亿度，水泥从3.5万吨增加88.9万吨，汽车、手表、缝纫机等日常生活用品生产量分别达到439辆、1.5万块、5.16万架。

（三）定额供给

新中国面临最为紧迫的问题是让人民吃饱穿暖。"农业的恢复是一切部门恢复的基础，没有饭吃，其他一切就都没有办法。"[①]在北京市财政很困难的情况下，拨出大笔资金用于水利建设。著名的官厅水库1951年10月动工，1954年5月竣工，是中华人民共和国成立后建设的第一座大型水库，为首都工农业及城乡居民饮用水提供了必要的水源保障，至今仍发挥着重要作用。

1954年，北京国营棉纺一厂、二厂、三厂相继开工生产，采用新式的操作方法进行棉纺生产，迅速缓解了纺织品短缺的问题，布匹产量逐步提高。受"三年自然灾害"影响，1960年7月30日，经中央批准，中共北京市委决定饮食业实行凭票供应的办法；1962年4月25日，北京市委决定本市实行部分日用工业品凭"北京市购货券"供应。首都百姓生活进入"票证"时代，计划经济条件下的有计划的供给制度特征凸显。

（四）新的生活

1949年11月21日下午，北京市第二届各界人民代表大会做出封闭妓院的决定，将妓院老板200余人全部集中审查处理，将1000多名妓女集中在教养院学习，其中绝大部分成为自食其力的劳动妇女，择偶成家，过上了正常的生活。1950年5月1日，中央人民政府颁布

---

① 《周恩来选集》（下卷），北京：人民出版社，1984年版，第5页。

《中华人民共和国婚姻法》，这是新中国第一部法律。《婚姻法》规定："废除包办强迫、男尊女卑、漠视子女利益的封建主义婚姻制度。实行男女婚姻自由、一夫一妻、男女权利平等、保护妇女和子女合法利益的新民主主义婚姻制度。"这是几千年来中国社会家庭生活的一次伟大变革，人们家庭、婚姻生活发生巨变。

龙须沟在天坛北边，中华人民共和国成立前是外城的一条排水明沟，城市污水和雨水都经龙须沟汇集。因为缺乏整治，龙须沟成了北京最大的一条臭水沟，这一地区成为北京最大的贫民窟。中华人民共和国成立后，人民政府治理了龙须沟。龙须沟同北京一起获得了新生，龙须沟沿岸人民过上了幸福的生活。同时，市政府逐步接管、新建了北京同仁医院、儿童医院等医疗机构，加大卫生医疗建设，扩大医疗卫生队伍，增加病床数量（1954年当年新增病床700张），突出解决卫生医疗机构设施不足、缺医少药等问题，努力保障人民群众生命健康。为解除城市职工后顾之忧，相继推出了对城市职工的劳动保险以及对国家机关和事业单位职工的公费医疗等卫生医疗制度，职工生活得到较大改善。到1965年，北京市卫生医疗机构达到2824个，城乡医院病床总数达到20307张。

为了发展公共交通，解决严重的失业问题，1950年，北京采取异地安置和移民转业等措施，将面临失业的三轮车夫7150人分18批次转业到绥远开垦荒地、妥善安置，不仅解决了三轮车夫就业、吃饭问题，而且为发展公共交通打下坚实基础。1955年8月15日，第一条双轨电车从崇文门外红桥到天桥正式铺轨，同年10月10日通车，全长4200米。1958年6月20日，北京第一汽车附件厂试制出"井冈山"牌小轿车，该厂在庆祝大会上更名为北京汽车制造厂。1965年7月1日，北京地下铁道正式开工。

"一穷二白"中的"白"是广大的人民群众在旧社会难以获得受教育的机会，难以学到文化知识，市民文化水平、国民素质普遍较低。1964年，北京市文盲率34.2%，文盲人口达168.9万人。为解决这一突出问题，发展首都教育事业成为北京市政府的重要任务，加大教育投入，扩大大中小幼教育基础设施建设。1954年，新建、扩建学校114所，其中中小学61所。从识字扫盲开始，通过各种符合当时实际的办学方式，千方百计提高市民文化水平。到1965年，全市拥有高校58所，招生2.69万人，在校生达到11.49万人，当年毕业生达到3万人，是中华人民共和国成立以后毕业生最多的一年；中学567所，在校生达到40万人；小学5888所，在校生达到132万人。这一年，试办半耕半读农业中学，招生1万人；在农村试办农村简易小学，入学人数达2万多人。

中华人民共和国成立初期，北京缺少房屋，人民群众的住房需求十分紧迫。1951年2月18日，中共北京市委提出组织公私合营的房产公司，修理旧房、建筑新房，解决房荒，逐步满足人民群众住房需要。围绕"共产主义需要什么样的建筑"的讨论，1960年5月，"安化楼"竣工，是公社化大楼的三大代表之一（西城区福绥境大楼、东城区北官厅大楼和崇文区安化楼），是"城市人民公社居民住宅"，是北京最早的"社区会所"，也是当时北京最高的大楼。2层至8层每层正对电梯间的位置，是居民的活动室和服务部，每到周末，在9层的活动大厅还会举行乒乓球比赛或者舞会，集生产、生活于一体。

手表、缝纫机、自行车成为首都百姓生活向往的"三大件儿"。电灯在城市逐渐普及，电话安装到公社。1964年9月，"牡丹"牌收音机开始成批生产。"三年自然灾害"后，农村老百姓日子逐渐好起来，每逢新年，赶着大车进城买年货。贴年画，穿新衣，屋里屋外、男女老少、热热闹闹、喜气洋洋。1955年9月25日，王府井百货商店开业，成为新中国第一店，当天接待16万人，销售额25万多元。一方面反映了人民对物资消费的需求旺盛，另一方面也反映出当时短缺经济掣肘百姓的生活。

"文化大革命"中，生产力遭到破坏，经济社会生活秩序濒临崩溃。作为全国政治中心的首都北京，虽然受到较大冲击，但仍进行了不少生产工作。人民继续秉持着自力更生、奋发图强、艰苦奋斗和勤俭建国的精神，促生产、促建设，与"文化大革命"前相比，工农业总产值有所增长，社会事业有所进步。例如，农村地区普遍推行"赤脚医生"制度，赤脚医生不占国家正式编制，不拿国家工资，依靠农民供养，在当时为缓解农村缺医少药，改善农民医疗卫生环境发挥了至关重要的作用；《黄河》《红灯记》《杜鹃山》等文艺作品在首都各大剧场上演，深受人民群众欢迎。1971年10月25日，中华人民共和国在联合国合法席位得到恢复，随后，与美国、日本等国先后建交。1972年9月2日，第一届亚洲乒乓球锦标赛在北京隆重开幕，首都国际化地位开始提升，并逐步融入世界。

二、改革开放，过上富裕生活

1978年12月，党的十一届三中全会在京召开，拨乱反正，国家把工作中心转移到经济建设上来，确立以农村改革为起点的改革开放的历史性决策，创造性地提出"三步走战略"、深刻回答什么是中国特色社会主义、确立中国特色社会主义市场经济体制、构建社会主义和谐社会，人民群众进入国家富强和人民富裕的小康生活新阶段。

（一）城乡居民收入快速增长

1978年到2011年，北京人均GDP由797美元增加到12935美元，翻了4番，按世界银行标准，已从一个低收入国家水平发展到了高收入国家水平。2001年，北京人均GDP达到3314美元，超过了实现全面建成小康社会3000美元标准（按不变价格），中等收入群体规模不断扩大。1978年至2011年，北京市居民家庭年人均可支配收入由302元增加到33176元，其中，城镇居民家庭年人均可支配收入由365.4元增加到36365元；农村居民家庭年人均可支配收入由225元增加到13742元。如图1。

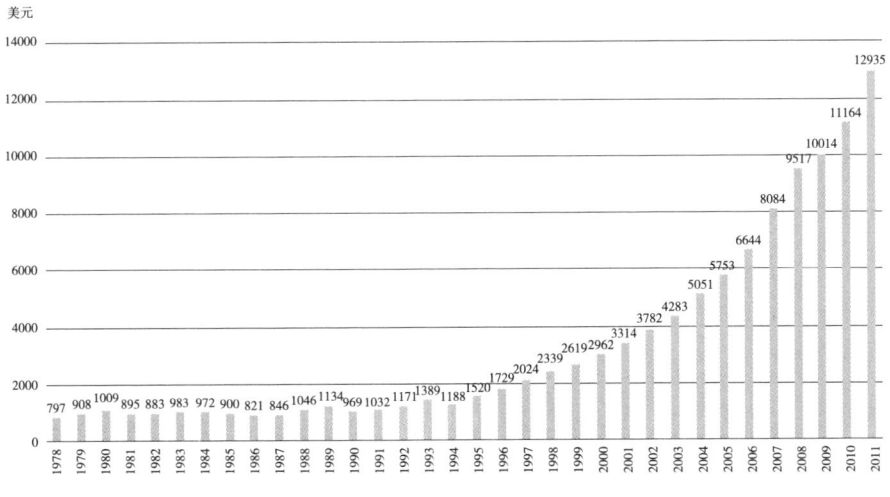

图1　1978—2011年北京人均GDP情况

（二）人民生活水平快速改善

在党的领导下，通过一系列改革措施，中国特色社会主义各项事业进入全面发展进步的快车道。20世纪80年代末到90年代初，各类票证逐步取消，"票证"时代正式终结，长期困扰中国短缺经济的状况从根本上得到改变，人民生活水平快速而显著地改善。例如，1988年4月，国务院宣布猪肉、鲜蛋、食糖、大路菜4类副食品的价格补贴由暗补改为明补，市民纷纷拥入菜市场持北京居民购货证和肉票排队抢购。又如，1993年5月10日，北京放开居民粮油销售价格，取消现行凭票证定量供应的办法，粮票停止使用。群众家庭财产普遍增多，吃穿住行用水平明显提高。1978年至2011年，北京市居民家庭人均消费支出由360元增加到24467元，北京市居民家庭恩格尔系数由58.7%下降到25.0%，从接近贫困线的阶段发展到低于30%的富裕阶段，百姓生活发生根本性改变。

"大改小、旧翻新、补丁摞补丁"穿衣的日子到改革开放初期有所改变，但人们穿的仍是"灰、蓝、绿"单一色调的"的确良"服装。随着生产水平的提高，纺织业等产业快速发展，衣着供给量与质量大幅度提升，1984年停止发放布票，人们不再愁"穿"了。

棉纺织品、化纤织品的种类样式越来越多，流行服装很快上市。20世纪80年代中期起，穿着打扮、审美情趣不断更新，风行一时的"的确良"逐渐没落，开始讲究穿得舒适的人们认识到化纤面料不透气、不吸汗的缺点，一统天下的"的确良"衬衫向纯棉、丝绸、绒布衬衫等转变，"的确良"成了"短缺的时尚"衣着中一段特殊的记忆。

改革开放以后，进行多次住房体制改革，从福利分房向住房商品化过渡。1998年停止福利分房，商品房制度全面实施。同时，为解决困难群体住房，相继推出了"两限房""经济适用房"。市民住房经历了福利住房向住房福利的大变迁，住有所居得到一定满足。1978年至2011年，北京市城镇居民人均住房建筑面积从6.70平方米增加到29.38平方米，农村居民人均住房面积从9.20平方米增加到48.63平方米。1984年北京建成方庄小区，它是北京市第一个带有试验性质的现代化住宅小区，是当时最大的住宅小区。在未实现住房商品化的年代，居民想改善居住条件，没有办法通过房屋买卖的方式，只能通过找人换房。1989年2月15日，北京首次公开出售商品房，迈出了住房商品化的重要一步。住房均为"公房"开始瓦解，逐步进入商品房时代。

20世纪80年代，北京平房居民冬天取暖用炉子，家家户户都需要提前备好蜂窝煤；人力三轮车是主要的运输工具；长安街的自行车流超过汽车流。随着改革开放的深入推进，北京道路交通飞速发展。1978年至2011年，北京公路里程由6562公里增加到21347公里，城市道路里程由2078公里增加到6258公里，立交桥从2座增加到418座。公共交通类型多样：城市轨道交通从1条增加到15条，里程数从24公里增加到372公里，车辆从116辆增加到2850辆；公共电汽车运行线路从1403公里118条线路增加到19460公里749条线路，运营车辆从2726辆增至21628辆；出租车达到66646辆；公共交通客运量从172559万人次增加到722552万人次。小轿车走进寻常百姓家，遍布城市大街小巷，而且家庭小轿车需求量一路猛增，"一号难求"。城市公共交通、轨道交通等快速建设极大丰富了人民群众出行方式，增强了出行的便利性，进入与首都国际化大都市相适应的快节奏。

1980年前后，百姓生活物资仍然相对匮乏，除了平均每户拥有1辆自行车之外，其余耐用消费品数量较少，尤其是洗衣机、电冰箱，每户不足1台。1990年至2011年，物资相对丰富，耐用消费品种类增加，几乎每一户都拥有1台（辆）耐用消费品，空调器、移动电话每户拥有2台（部）左右，1/3以上的家庭拥有了小汽车。改革开放前，手表、缝纫机、自行车成为首都百姓生活向往的"三大件儿"；20世纪80年代中期，北京自产的"雪花牌"冰箱、"牡丹牌"电视机、"牡丹牌"收录音机、"白兰牌"洗衣机成为消费者心目中"四大件儿"；到21世纪，房子、汽车已成许多百姓生活的必备物件，人们追求更加宜居的居住环境，出行更加便捷的生活方式，也意味着社会生活水平显著提高。此外，互联网、人工智能逐渐走进百姓生活中，通过线上消费、快递到家，足不出户就可以购买到满意的商品，人们逐渐走进了互联网、人工智能改变生活的时代。

（三）社会事业建设推进加快

1978年全国科学大会以后，北京市科技力量不断壮大，已经形成学科门类齐全、纵深配套、产学研一体化的科研机构网络体系和规模庞大的科技人才队伍。1955年，北京市科研机构仅有结核病研究所1家；到1990年底，科研机构达135个；2011年底，科研机构达2297个，研发经费约占GDP的6%，专利授权数量达到40888件，居全国前列。

"文化大革命"使高考中断10年，1977年冬恢复高考，大学生年龄有的相差十几岁，最大的已经30多岁，带着孩子上大学的情况屡见不鲜。1983年5月27日，国务院学位委员会和北京市政府联合召开博士和硕士学位授予大会，18人获博士学位，这是中华人民共和国第一次依靠自己的力量培养并授予博士和硕士学位。1994年，北京大学、清华大学等10所高校进行教育改革，实行收费生制度改革试点，新生全部缴费上学。恢复高考后，北京各级各类教育事业迅速发展，教育改革不断推进，大中小幼教育基础设施不断完善，教师队伍不断优化，办学质量不断提高，城乡九年义务教育全面实现，留学人员规模不断扩大，文盲率由1982年的16%下降到2010年的1.9%。

医疗卫生条件有很大改善，医疗资源不断丰富，医疗水平不断提高，人均预期寿命由1982年的71.9岁提高到2010年全国第六次人口普查的80.2岁。1978年至2011年，北京市医疗卫生机构由3263个增加到9699个，实有床位数从29767张增加到94735张，执业（助理）医师从28435人增加到69747人，注册护士数从16085人增加到72812人。

1990年，北京亚运会成功举办。受此影响，北京掀起全面健身热潮，健美操、呼啦圈等群众性体育活动成为年轻人和孩子们的爱好；申奥成功，首都人民走上街头欢腾庆祝；中国足球首次杀入世界杯决赛圈，实现历史性突破，足球运动逐渐在大中小学普及；2008年8月8日，北京奥运会开幕，这届奥运会创造了43项新世界纪录及132项新奥运纪录，共有87个国家和地区在赛事中取得奖牌，中国以51枚金牌居金牌榜首位，是奥运历史上首个登上金牌榜首的亚洲国家。

（四）社会保障水平不断提高

20世纪90年代实施社会保障制度以来，北京社会保障水平逐年提高，保障群体覆盖面、受益面不断扩大，统筹城乡的社会保障体系已经形成。1994年至2011年，职工最低工资从210元/月增长到1160元/月，失业保险金最低标准从174元/月（1995年）提高到782元/月，城市居民最低生活保障标准从170元/月（1996年）提高到500元/月，基本养老金平均水平从55元/月（1997年）提高到200元/月，企业退休人员基本养老金最低标准从263元/月（1996年）提高到1100元/月。2011年，参加企业职工基本养老保险人数1091.9万人，参加职工基本医疗保险人数1188.0万人，参加失业保险人数881.0万人，参加工伤保险人数862.4万人，参加生育保险人数395.3万人，参加城镇居民基本医疗保险人数159.8万人，参加新型农村合作医疗人数276.8万人，城市居民最低生活保障人数11.7万人，农村居民最低生活保障人数7.0万人。

（五）精神生活日趋丰富

改革开放是一场思想的解放，新闻、出版、广播、电视、图书馆、博物馆、电影院、文化馆（站）等多种文化服务产品、设施全面发展，文化事业与产业、互联网融合，内外、古今优秀文化交融，群众精神生活丰富多彩，"女排精神"得到弘扬，"团结起来、振兴中华"成为时代最强音，"五讲""四美""三热爱"引领城市文明新风尚，精神文明建设净化群众道德修养，社会主义核心价值观深入人心，首都文化软实力不断彰显。1978年，部分中外名著重新出版，每天早晨都有大批人在王府井新华书店门口等候开门售书；为烫一个时髦的发型，顾客在王府井金鱼胡同53号的四联理发店排成长龙。1979年9月27日，北京第一个民间街头美术展览"星星美展"在美术馆外举办；1979年10月，中国文学艺术工作者第四次代表大会在北京召开，带来中国文艺复兴。1980年10月，阜成门鸟市为老北京"提笼架鸟"的爱好者提供了休闲空间；故宫对外开放，地坛春节文化庙会、老舍茶馆、四合院等古都文化延绵。20世纪80年代，外国文化进入北京；崔健《新征路上的摇滚》等作品广为流传；1988年12月，第一届中国人体油画展在中国美术馆举办；1994年11月，北京影院陆续上映美国影片；圆明园画家村名噪一时。2007年12月20日，国家大剧院首迎演出。

三、走进美好生活新时代

党的十八大以来，随着中国特色社会主义进入新时代，"我国社会主要矛盾已经转化为人民日益增长的美好生活需要和不平衡不充分的发展之间的矛盾"。从"一穷二白"发展到物质生活和精神生活相对富足的新时期，并进入追求美好生活的新时代。首都各界群众携手谱写新时代首都发展新篇章，开启首都社会主义现代化建设新征程。

（一）坚持以人为本的城市规划

习近平总书记指出："城市的核心是人，城市工作做得好不好，老百姓满意不满意，生活方便不方便，城市管理和服务状况是重要评判标准。"[①]2014年2月26日，习近平总书记首次在北京考察时强调"首都规划务必坚持以人为本"。2017年2月24日，习近平总书记主持召开北京城市规划建设和北京冬奥会筹办工作座谈会时再次强调"城市规划建设做得好不好，最终要用人民群众满意度来衡量"。要以北京市民最关心的问题为导向，以解决人口过多、交通拥堵、房价高涨、大气污染等问题为突破口，提出解决问题的方略，不断增强人民群众的获得感。为有效防止北京作为超大城市的"城市病"，习近平总书记开出了治理环境污染、治理交通拥堵、解决住房问题、创造美好环境的"药方"。北京市认真贯彻落实习近平9次视察北京、14次对北京发表重要讲话精神，严格实施《北京城市总体规划（2016年—2035年）》，积极开展"疏解整治促提升"专项行动，强化"四个中心"功能建设，不断提高"四个服务"水平，落实历史文化名城保护发展规划，编制完成"三条文化带"保护建设规划，制定《北京城市副中心控制性详细规划（街区层面）（2016年—2035年）》《首都功能核心区控制性详细规划（街区层面）（2018年—2035年）》，以老城双修促进城市更新，编制完成分区规划，以人民为中心的城市规划引领首都城市建设、发展走进美好生活新时代。2014年9月25日，北京环球主题公园项目经国家发展改革委批准立项，成为全国首个环球影城主题公园，同年动工，2021年建成投入使用；2015年4月20日，《京津冀协同发展纲要》审议通过；

[①] 央视新闻客户端：《习近平心中的"城"》，2019年8月28日。

2019年1月11日，北京市级行政中心正式迁入城市副中心；2019年6月30日，中国最大的综合立体交通枢纽北京大兴国际机场航站区工程验收，9月20日投入运营。

（二）城市基本公共服务普惠民生

民生无小事，事事总关情。为不断满足人民对美好生活的向往，北京市保障和改善民生力度不断加大，持续推进基本公共服务均等化，民生福祉不断改善，群众获得感进一步增强。全面实施稳就业各项举措，不断增加失业保险基金投入，支持企业稳岗和促进劳动者就业，开展职业技能培训，不断增加城镇新增就业。持续加大教育投入，增加中小学教师绩效工资，加强普惠性幼儿园规范管理，中小学集团化办学覆盖学校持续增加，"三点半"课后服务覆盖所有中小学，支持高校"双一流"建设，组建沙河、良乡高教园区理事会，推动校城融合、科教融合和产教融合。深入实施"五个一"为一体的医耗联动综合改革，提高医保住院报销封顶线和大病保险报销比例，实行分时段精准预约制度，基层医疗卫生健康基础不断夯实，公共卫生服务水平不断提升，信息技术与医药健康融合、医养融合、中西医融合发展进一步加强。落实"一城一策"长效调控机制，着力稳地价、稳房价、稳预期，增加公共住房多渠道供给，建设一批租赁型宿舍，着力解决快递小哥等务工人员的住宿困难，切实办好老百姓家门口的事，老楼加装电梯、老旧小区改造等纳入重要民生实事，群众居住条件不断改善。完善城乡居民养老保障待遇确定和正常调整机制，深入推进居家养老、社区养老、机构养老相协同的养老供给，着力加强基层日间照料、养老驿站建设，建立居家养老服务津贴补贴制度，将老年人社会优待服务范围从65岁以上扩展到60岁以上，老有所养得到有效保障。提高社会救助标准，城乡低保标准提高到每月人均1100元，发放困难和重度残疾人"两项补贴"，向6类困难群体发放价格临时补贴，"弱有所扶"政策红利惠及百姓民生。

（三）城市治理绣花般精细

"城市治理是国家治理体系和治理能力现代化的重要内容。"对于城市治理，习近平总书记多次用到"绣花"这个比喻，既要善于运用现代科技手段实现智能化，又要通过绣花般的细心、耐心、巧心提高精细化水平，绣出城市的品质、品牌，以提升社会治理能力，增强社会发展活力。2018年初，北京市委、市政府把党建引领"街乡吹哨、部门报到"列为北京市"1号改革课题"，创新城市基层治理体制机制，实施街道"大部制"改革，做实街道、做强社区，让最了解群众诉求的街乡镇基层一线，吹响解决问题的集结号，各部门共同响应，坚持"民有所呼、我有所应"工作机制，构建简约高效的基层社会治理体制。2019年初，大力推行12345市民热线和接诉即办工作机制，形成市、区、街道乡镇三级联动体系，强化"部门+行业"考评导向，解决率、满意率不断提升，畅通服务群众的"最后一公里"，老百姓身边事得到切实解决，生活品质显著提升。2019年，为积极探索大型社区治理长效机制，以"回天有我"大型社区治理为样本，就社会服务活动长效机制、社会动员机制等12个专项进行深入研究，边研究边试点边总结，引导市管国企、民企、社会组织和智库回社区报到服务，形成具有"北京经验"性质的基层社会治理典范。2019年，为深刻体现首都城市精细化治理成效，以《小巷管家》为题材的电影上映，突出化解诸如邻里纠纷、占道停车、私搭乱建、公厕改造、环境提升以及照顾空巢老人等诸多和老百姓直接相关的难题，内容、情节、台词写到老百姓心坎儿里，受到群众一致好评。

（四）全国文化中心建设扬帆起航

北京是世界著名古都，有着3000多年建城史、800多年建都史，丰富的历史文化是一张"金名片"，是中华文明源远流长的伟大见证。2014年2月26日，习近平总书记视察北京时指出："历史文化是城市的灵魂，要像爱惜自己的生命一样保护好城市历史文化遗产……要本着对历史负责、对人民负责的精神，传承历史文脉，处理好城市改造开发和历史文化遗产保护利用的关系。"①围绕"四个中心"功能战略定位，北京确定全国文化中心建设"一核一城三带两区"的总体框架，传承发展源远流长的古都文化、丰富厚重的红色文化、特色鲜明的京味文化、蓬勃兴起的创新文化，以有效发挥首都全国文化中心示范作用。以社会主义核心价值观引领首都文化建设，通过中轴线申遗推动老城整体保护与复兴，实施长城文化带、西山永定河文化带保护发展规划，发布大运河文化保护传承利用实施规划和五年行动计划，香山革命纪念地对外开放，古都古香四海飘，历史文化"金名片"更加亮丽。深化文化领域供给侧改革，扩大优质文化产品供给，提升公共文化服务效能，满足群众身边文化体育口袋公园需要，丰富群众精神文化生活，《流浪地球》《天路》等一批精品力作创作持续推出，文化事业、文化产业繁荣局面逐渐形成，群众精神文化品位不断提升。

---

① 中共北京市委编：《习近平关于北京工作论述摘编》（2013年—2021年），内部资料，北京印刷集团有限责任公司，第55页。

第二节　社会生活变迁的主要特征

社会生活变迁体现了中华人民共和国成立70多年来中国共产党带领首都人民创造美好社会生活实践的伟大奋斗历程，是一场蔚为壮观的伟大创新实践，人民生活迈向更加富裕的新时代。在这场伟大社会生活创新实践的切片中，凸显深刻的时代烙印、凸显生活多层多样化、凸显现代化潮流、凸显开放包容国际化、凸显生活品质高级化等社会生活变迁的阶段性特征。

一、深刻的时代烙印

（一）生活变迁的阶段性

北京作为首都，它的每一段时间、每个节点都具有那个时代的专有属性。1949年至1952年是社会生活恢复时期，经过土地改革，农民分得田地，社会治安稳定，工人阶级的领导地位和社会主义国有经济在国民经济中的领导地位得到巩固，抗美援朝激发了首都人民积极参军保家卫国的热情。1953年至1957年完成国民经济第一个五年计划和"三大改造"，编制了北京城市规划的初步方案，努力实现从消费城市向生产城市转变，进入社会主义建设新阶段。1958年至1965年，社会主义社会生活在曲折中前进，受多种因素影响，北京遇到了严重困难，粮食、农副产品供应紧张，人们生活艰难，但在艰苦奋斗的作风引领下，建成60多座大、中、小水库，兴建了"十大建筑"，教育、医疗卫生、文化等社会事业也取得了一定进步。1966年至1977年是社会生活受到破坏与转折阶段，经济建设在曲折中前进，粮食亩产上纲要，高校停招、知青下乡、干部下放，社会生活秩序紊乱。1976年10月，"文化大革命"结束，经济发展和社会秩序得到恢复，社会生活走向正常。1978年至2011年，首都建设进入改革开放历史新时期，在"改革""开放""搞活"的方针指引下，社会主义市场经济的确立，以民生为重点的社会主义和谐社会建设取得举世瞩目的成就。北京作为走在全国前列的现代化国际大都市，百姓生活发生了翻天覆地的变化，改革开放真正使人民群众富起来，率先全面建成小康社会。2012年至今，首都千万人民不忘初心、牢记使命，继续为美好生活不懈奋斗，从"富起来"向"强起来"的目标前进，开启建设首都社会主义现代化新征程。

（二）内容凸显时代特征

20世纪50年代至80年代，北京在特定经济时期，发放粮票、食用油票、肉票、布票、副食本、工业券等票证，以确保物资短缺的情况下按计划地供给。随着改革开放，生产力发展，人民吃穿住行用离不开的各种票证逐渐退出了历史舞台。百姓日常生活用品中的"大件儿"从改革开放前的手表、缝纫机、自行车演变为改革开放后的电视机、冰箱、收录音机、洗衣机。现如今，房子、汽车才称得上"大件儿"。

人的名字不仅是个体专用符号，也蕴含着时代特征，如中华人民共和国成立初期出生的，取名为"建国""国庆""爱国"的多；抗美援朝时期出生的，取名为"援朝""抗美"的多；"文化大革命"结束后抓纲治国，有一些人取名"治国"。

20世纪50年代的北京"十大建筑"具有显著的苏联风格，20世纪80年代的北京"十大建筑"具有显著的现代化风格，21世纪的鸟巢、国家大剧院、大兴国际机场等建筑更具有国际风范。

文学作品在中华人民共和国成立初期以苏联译著以及工农兵题材为主；"文化大革命"时期以领袖形象题材居多；改革开放后，科教文卫体各项事业以及老百姓的生活题材是主流，新时代大国崛起是焦点。此外，衣食住行用等物质生活、文学文艺等精神生活也具有鲜明的时代特征。

（三）仪式化的日常生活

仪式化的日常生活在社会生活中广泛存在，涵盖政治仪式、教育仪式、民俗节庆仪式、人生礼仪等。改革开放前，仪式化的日常生活凸显精神生活的特点，工业学大庆、农业学大寨，以及学习雷锋、"背篓商店"、全国劳模时传祥等为人民服务的精神。改革开放后，仪式化的日常生活发生深刻改变，优秀的传统仪式化的日常生活得到传承，"五讲""四美""三热爱"、社会主义核心价值观等仪式化的精神生活更加深入人心，下馆子、旅游等休闲生活方式成为主流，凸显仪式化的日常生活集精神与物质于一体。

二、生活多层多样化

（一）从物资匮乏到极大丰富

在计划经济时期，各种生活必需品极度匮乏，穿衣只能"灰""蓝""绿"，吃饭只能是有啥吃啥，住房大多是"三世同堂"或"四世同堂"，交通主要靠步行、坐人力车、挤公共汽车，买自行车也得有票才行。在那个时代，人们只能日复一日地过着简陋单调的物质生活。改革开放，确立社会主义市场经济地位，首都经济走上高速发展的道路，生活必需品极大丰富，服装异彩纷呈，健康食品品种多样，住房条件极大改善，出行工具有了多种选择，交通四通八达，物质生活得到极大改善。

（二）从物质生活向精神生活跃升

如今的北京已达到富裕的发展阶段，老百姓手里的存款越来越多，休闲时间越来越长。老百姓在满足物质生活的同时，追求更高级的精神生活品质，旅游休闲、健康保健、文艺欣赏等精神生活更加普遍。北京各大公园早晚聚集大量的老年健身群体，回忆过去，畅聊未来，过着幸福安康的晚年生活；莘莘学子不仅可以在学校接受更好的教育，还可以通过校外学习，提高绘画、音乐等专业技能；青年群体晚上及周末线下游可以逛各类卖场，线上游可以逛各类网店。此外，话剧、电影、电子书等文化产品日益丰富，不断满足着人们的精神生活需要。

（三）"互联网+"社会生活常态化

互联网深深嵌入百姓日常生活，线上购物等互联网平台供给方式拓宽了百姓日常生活渠道，网络服务及消费品供给多样化弥补了线下短板，百姓足不出户就可以"周游世界"。美团、京东、盒马生鲜、顺丰等不同平台快递小哥成为市民日常生活的服务队伍。网银、支付宝、微信等支付平台改变了百姓消费支付方式，腾讯会议、钉钉等网络会议平台改变了会议举办方式。"两微一端"和抖音等网络直播平台可以向大众充分展现个性化的视觉效果，抒发和体验自身精神需要。

三、生活品质高级化

（一）健康至上

在过去，出现过多次大规模致命的流行病，如瘟疫、鼠疫、结核病、天花、血吸虫病等以及其他各种病毒性流感，死亡率较高。随着医疗卫生技术水平提高，这些流行病逐步被征服，人类寿命不断延长，但也出现了癌症等致命疾病，以及高血压、糖尿病、心脏病等慢病，人们开始注意饮食、空气、工作节奏等外部生活条件以及体育锻炼、休闲放松、心态平和等自我养生方式，健康至上的意识深入人心，生活质量不断提高。例如，舌尖上的健康、"一微克行动"、场馆健身兴起，人们通过不同方式维护自身的健康体魄。

（二）合理膳食

北京市民随着生活水平的提高，实现了从以往"吃得饱"向"吃得好"的膳食结构转变。1956年，北京市农村居民主副食的消费比为2.2∶1；1984年，该比值跨越1∶1的临界值，转变为0.9∶1；2013年以后降至0.3∶1以下；当前城市居民主副食消费比则维持在0.2∶1以下。主食已经让位给了副食，副食成为百姓餐桌上的主角，健康营养成为时尚。

（三）休闲旅游

在"吃得好"的需要满足之后，人们更加关注饮食之外的旅游、通信、休闲等其他消费。近年来，旅游休闲成为人们的一种生活方式，老北京"提笼架鸟"被认为是一种休闲，新北京节假日的郊区游、跨省游、跨境游成为大众生活的一部分。例如，周末北京市民自驾车到京郊游玩，欣赏京郊田园美景，品尝农家美食。据统计，北京市民在京游人数逐年增长，每年达1亿多人次，人均约5次。又如，"五一""十一"小长假，市民早早购票、打好行囊，进行国内游或跨境游。再如，新兴的"候鸟游"，北京冬天冷，市民到三亚过冬；北京夏天热，市民到东北纳凉。此外，城市马拉松、骑行、夜跑等体育休闲运动不断发展，购物中心、休闲商务区等购物休闲场所不断增多，将步行街带入实体空间。

（四）文艺欣赏

文艺欣赏是北京作为消费城市的传统，过去有天桥杂耍、庙会卖艺，京剧和相声名家会聚，如今更是聚集众多国家级的剧院、戏院，人们不仅能看到北京人艺鲜明的演剧风格，还可以欣赏到众多国内外影视大片。首都北京具有丰厚的文化艺术资源，在满足市民精神文化生活需求中蓬勃发展，在市民文化品位提升中进化。

四、凸显现代化潮流

（一）百姓消费趋于高级化

北京百姓生活耐用消费品升级换代步伐加快，从"三大件儿"到"新高端"，家用汽车、移动电话、空调等电气化、现代化的耐用消费品走进千家万户，"互联网+"新兴业态兴起，线上购买成消费习惯，新消费满足新生活节奏，高端消费产品从"少数人拥有"到"进入寻常百姓家"。

（二）吃穿住行用更加健康舒适便利快捷

从挨饿到吃饱再到吃好，首都美食汇聚中西，唇齿舌尖品百姓幸福生活。从"的确良"、中山装到"新服装"，现代化工艺和面料使人们穿着异彩纷呈，舒适度更加贴心。从"闹房荒"到"住有所居"，居住条件极大改善，生活设施更加便利宜居。从"自行车""三轮车"到私家车、地铁，现代交通工具飞速发展，出行更加多元便利。从"手摇电话"到移动电话、互联网/5G通信，信息技术现代化使人们联络方便快捷，数字社会已来临。

（三）教育医疗现代化水平不断提高

从"工农速成中学"消除"文盲"到实施九年义务教育，促进义务教育均等化，教育现代化水平不断提高。从"缺医少药"到"健康北京"，人均预期寿命居于全国前列，健康理念深入人心，医疗卫生技术现代化水平不断提升。

（四）文化体育生活融入更多现代化元素

20世纪50年代，周末才有机关、学校、工厂等单位俱乐部举办的舞会，现在的广场舞，男女老少皆宜，天天有、处处有，成为不可或缺的大众文化生活。从老舍的《龙须沟》《茶馆》等文艺精品到含有大量科技、特技的《流浪地球》等科幻文艺作品，文艺创作插上了现代科技的翅膀。从"大字报"到"两微一端"、抖音视频，文化传播载体日益现代化。围绕全国文化中心建设，积淀的源远流长的古都文化、丰富厚重的红色文化、特色鲜明的京味文化，又增添了嵌入各领域中蓬勃兴起的创新文化，构成首都文化重要特质。

五、开放包容国际化

（一）从变革走向深度开放

中华人民共和国成立初期，消灭旧的生活习俗，废除封建婚姻制度，完成对旧教育的改造，展开双臂迎接法国作家让·保罗·萨特、西蒙娜·德·波伏瓦及"苏联英雄"卓娅的母亲科斯莫杰米扬斯卡娅等国际友人到访首都北京。1957年2月5日，由中央实验歌剧院演出的意大利古典歌剧《茶花女》第一次在北京上演；1961年4月4日，第26届世界乒乓球锦标赛在刚建成的北京工人体育馆举行。1971年中美"乒乓球外交"，打开隔绝22年之久的中美交往的大门，1972年2月21日，美国总统尼克松访华，之后，肯德基、麦当劳、皮尔·卡丹等外国元素开始进入北京。党的十一届三中全会后，党和国家的工作重心转移到经济建设上来，首都各项事业焕然一新，尤其是2008年北京奥运会后，"西方元素引进来、中国元素走出去"的改革开放深入推进。

（二）海纳百川的包容气质

改革开放解放了生产力，束缚在土地上的剩余劳动力纷纷背上行囊拥向大城市。很多人来到首都北京，寻找合适的就业机会。北京市常住人口也由1978年的875.1万人增加到2019年的2153.6万人，其中1/3左右是外地农民工，他们来自不同省份，说着不同方言，带有不同地域文化，融入首都城市社会生活。此外，现有的常住人口构成中，还有很大比例是外地留京的拥有北京籍的外地人，有的是京一代，有的是京二代、京三代，已扎根京城。涉外婚姻逐年增加，外国留学生数量递增，入境旅游人数从1978年的18.7万人次增加到2019年的376.9万人次。来自国内不同省份、国外不同国家的久居者、过客、游客带着不同的文化融入首都北京，加之首都北京固有的京味文化、古都文化，凸显首都海纳百川的包容气质。

（三）国际化大都市特征突出

北京作为首都，始终与党和国家的使命紧密地联系在一起，也与首都百姓生活相互连接，深深影响人们的社会生活行为与表达。进入新时代，作为迈向中华民族复兴的伟大社会主义祖国的首都，围绕

"四个中心"功能中"国际交往中心"的城市定位，建设国际一流的和谐宜居之都战略目标，深度融入国家"一带一路"建设，积极参与国家高级别人文交流机制，构建"'一带一路'+'友好城市'"模式，打造"中国—中东欧国家首都市长论坛""城市发展论坛"等常态化活动载体，不断深化文化、旅游、媒体、教育、科技、卫生、体育等多领域的交流合作，正将北京建设成为拥有优质政务保障能力和国际交往中心的大国首都，弘扬中华文明与引领时代潮流的文化名城，全球创新网络的中坚力量和引领世界科技创新的新引擎，人民幸福、社会和谐的首善之区，天蓝水清、森林环绕的生态城市，世界超大城市可持续发展的典范。

第三节　社会生活创新的主要动因

"全部社会生活在本质上是实践的"①，全部社会生活创新在本质上也是人民创造实践的，"人们对美好生活的向往，就是我们的奋斗目标"②，而这个创造实践、奋斗目标也就是党为人民谋幸福的初心和使命，也就是社会生活创新的主要动因。

一、党和政府的规划引领

社会生活的变迁一般是自发的、渐进的过程，然而人类社会是在矛盾运动中不断向前发展的，社会主要矛盾是各种社会矛盾的主要根源和集中反映，在社会矛盾运动中居于主导地位。1956年党的八大指出："我们国内的主要矛盾，已经是人民对建立先进的工业国的要求同落后的农业国的现实之间的矛盾，已经是人民对于经济文化迅速发展的需要同当前经济文化不能满足人民需要的状况之间的矛盾。"③20世纪50年代，北京城市总体规划有4个版本，都是围绕中华人民共和国成立后党对国家总体建设需要以及社会主要矛盾要求制定。这一时期的重点是变消费城市为生产城市、政治中心、文化中心、大工业城市，以满足人民对于经济文化的需要。社会主要矛盾的判断是符合当时首都实际的，后来北京城市规划设计虽未批准，但是之后的国民经济计划基本是按此执行的，在经济仍不发达的情况下，以旧城改造扩建为中心，加强政府机关、学校、医院等公共服务设施集中建设，建设了一大批社会事业项目，实施"扫盲""除四害""赤脚医生"等诸多重要举措，人民生活水平总体是改善的。

---

① 《马克思恩格斯选集》（第1卷），北京：人民出版社，1995年版，第56页。

② 《习近平关于社会主义社会建设论述摘编》，北京：中央文献出版社，2018年版，第4页。

③ 《习近平新时代中国特色社会主义思想学习纲要》，北京：学习出版社/人民出版社，2019年版，第18页。

党的十一届六中全会通过的《关于建国以来党的若干历史问题的决议》对党的八大关于社会主要矛盾的提法进一步概括，提出"我国所要解决的主要矛盾，是人民日益增长的物质文化需要同落后的生产之间的矛盾"[①]。20世纪80年代至21世纪初，北京城市总体规划有3个版本，核心都是，在肯定第一轮规划取得成就的同时，改变"先生产、后生活"的思路，适应从计划经济向市场经济转型以及在市场经济体制下探索北京城市发展方向。党根据这一时期社会主要矛盾论断，注重城市的生活功能规划，坚持"两手抓、两手都要硬"的路线方针政策，围绕一个中心、两个基本点，城市经济社会各项事业飞速发展，城市多功能作用日益加强。举办奥运会后，首都社会经济发展到新的高度，发展成就斐然，较早地实现温饱、小康，进入富裕阶段，人民生活得到极大改善。

随着改革开放深入推进，中国特色社会主义进入新时代，在社会生产力水平总体提高的同时，人民美好生活需要日益广泛，不仅对物质文化生活提出更高要求，而且在民主、法治、公平、正义、安全、环境等方面的要求日益增长，我国社会主要矛盾已转化为人民日益增长的美好生活需要和不平衡不充分的发展之间的矛盾。在这一论断和习近平新时代中国特色社会主义思想指导下，原有的北京城市总体规划已经不能适应新时代需要，进入新一轮规划编制阶段。在新时代的起点上，首都北京准确把握人民日益增长的美好生活需要和发展中不平衡不充分这一社会主要矛盾，围绕"建设一个什么样的首都，怎样建设首都"这一重大时代课题，强化城市总体规划、分区规划、专项规划等顶层设计，聚焦"四个中心"功能定位，抓住疏解非首都功能这个"牛鼻子"，紧密对接京津冀协同发展战略，突出破解"大城市病"问题，积极回应人民群众关切，持续加大保障和改善民生力度，不断提高城市精细化管理水平，引领城市有机体健康发展，百姓生活得到的实惠比以往任何时候都多，生活的环境更加和谐安全，彰显党

---

① 《三中全会以来重要文献选编》（下），北京：人民出版社，1982年版，第839页。

为人民谋幸福的初心。

二、人们对幸福生活的追求

"历史什么事情也没有做，它'不拥有任何惊人的丰富性'，它'没有进行任何战斗'！其实，正是人，现实的、活生生的人在创造这一切，拥有这一切并且进行战斗。……历史不过是追求着自己目的的人的活动而已。"[①]人民群众是历史的创造者，人民群众理所当然是社会生活创新的创造者，为社会生活创新提供源源不断的劳动、智慧、信念的动力。新时代，人民"期盼有更好的教育、更稳定的工作、更满意的收入、更可靠的社会保障、更高水平的医疗卫生服务、更舒适的居住条件、更优美的环境，期盼孩子们能成长得更好、工作得更好、生活得更好"[②]，人民期盼有更多的休闲时间、更丰富的文艺精品、更善治的社区生活。这些期盼既是人们对幸福生活的追求，也是党和政府为实现人民利益和幸福而努力奋斗的目标。

求新求变是人们基本天性之一，追求日新月异的新生活是人们共同的心愿。当人们从事创造活动而产生生存型资料并得到满足，创造性活动会向享受型资料、发展型资料转移，人们对幸福生活的追求也就成为社会生活创新的新时尚。实际上，人民群众的幸福生活每日每时都在创新，生活理念在创新、生活情趣在创新、生活方式在创新、生活内容也在创新。这些社会生活创新都源于人们对幸福生活的追求，不断创造日新月异的新生活，不仅要使社会生活多层次、多样化，而且要使生活质量越来越高，反过来满足人们对美好生活的需要。

正是由于人民美好生活日益广泛以及发展不平衡不充分的现实，新时代社会主要矛盾才发生重大变化，党和政府在统筹发展和安全的基础上，更好地满足人民在经济、政治、文化、社会、生态等方面日

---

① 《马克思恩格斯文集》（第1卷），北京：人民出版社，2009年版，第295页。
② 《习近平谈治国理政》（第1卷），北京：外文出版社，2014年版，第4页。

益增长的需求，更好地推动社会生活创新。

三、生产力水平不断提高

马克思曾指出机械发明"引起生产方式上的改变，并且由此引起生产关系上的改变，因而引起社会关系上的改变，并且归根到底，引起工人的生活方式的改变"[①]。这一论断对生产方式的改变决定生活方式的变化说得很清楚，事实确实如此。北京现代工业生产方式和生产力的发展，引起社会生活方式彻底革新。中华人民共和国成立到改革开放前，北京工业尤其是重工业取得较快发展。1978年，北京市第二产业增加值占比达到71.0%，比1952年提高了32.3个百分点；第三产业增加值占比为23.9%。改革开放以来，北京积极调整优化产业结构布局，1994年，第三产业增加值占比达到49.1%，首次超过第二产业，产业结构由"二三一"演变为"三二一"，进入后工业社会，2019年，第三产业增加值占比已达到83.5%。工业社会是大生产、大机器的时代，"先生产、后生活"；后工业社会是信息、知识的时代，满足生产生活所需的服务业大发展，生产性服务业、生活性服务业日新月异，满足社会生活所需的物质资料和精神食粮更加充裕。

科学技术是第一生产力。首都北京具有全国最雄厚的科学研发力量，具有规模庞大的科技创新队伍，具有一大批国家一流重点实验室，具有众多的科技馆等科普阵地，正打造"三城一区"科技创新主平台。这些雄厚的科技创新动能源源不断地创造和形成新的生产力，为人们社会生活提供更加丰富的商品，共享单车、互联网平台购物、"智慧+医"、新能源汽车等，不断满足百姓可视化生活场景，增强体验感、舒适度和便利性，科技服务百姓生活效能更加凸显。

互联网、大数据、人工智能改变着社会生活。它们应用于现代生产，极大地提高了劳动生产率，促进社会财富以几何级数快速增长，为人们提供坚实的物质生活和精神生活基础。互联网可以拉近陌生人

---

① 《马克思恩格斯全集》(第47卷)，人民出版社，1979年版，第501页。

之间的距离，快速形成人们社会生活关系网，5G商用会进一步加快数字生活节奏；大数据快速形成科学决策，促进民生保障和社会治理更加精准化、精细化；人工智能更新人们应对问题的方法，"AI+生活（医疗健康、保洁、驾驶等）"将更加紧密融合，颠覆百姓日常生活方式，让人们生活更美好。

四、社会保障的日趋完善

社会保障的日趋完善不仅标志社会生活的进步，而且在很大程度上为百姓过上更高级的社会生活提供消费支撑，满足人们对更加美好生活的追求。中华人民共和国成立后，北京市在城镇国有部门逐步建立起较为齐全的社会保障制度，机关大院、厂矿等单位、学校、医院的民生保障设施较为完善。但由于是在计划经济条件下形成的社会保障制度，致使产生覆盖面较小、社会化程度较低、保障功能较弱，抚恤救济标准长期不变等问题，虽在一定程度上起到托底保障功能，但覆盖面小。

改革开放以后，针对社会保障制度存在的一些不合理的突出问题，20世纪80年代中期进行一些初步改革，20世纪90年代中期逐步建立起养老保险、失业保险、基本医疗保险、居民最低生活保障等多层次社会保障体系，同时社会保障覆盖面、保障标准不断提高。例如，职工最低工资标准由1994年的210元/月提高到2019年的2200元/月，失业保险金最低标准由1995年的174元/月提高到2019年的1760元/月；参加各种保险人数由1995年200万人增加到2019年1000多万人；享受城市居民最低生活保障的人数由1996年的0.9万人增加到2019年的6.5万人，享受农村居民最低生活保障的人数由1999年的1.2万人增加到2019年的3.8万人。

党的十八大以来，北京认真落实"老有所养""弱有所扶"的要求，聚焦最底线的民生保障和最基本的公共服务，多层次社会保障体系逐步完善，各类保障待遇标准不断提高，"三边四级"养老服务体系建设不断巩固完善。2019年，累计建设街乡镇养老照料中心

305家，建成社区养老服务驿站915家；累计建成"一刻钟社区服务圈"1682个，覆盖95%的城市社区，基本实现"小事不出社区"的社会化服务体系。

党和政府通过完善社会保障制度建设，与百姓生活紧密相关的住房难、就业难、看病难、养老难等市民的后顾之忧得到缓解，极大地减轻了百姓家庭生活压力，以良好的社会保障制度优势释放家庭消费潜能，民生福祉大幅提升，生活品质大幅提高。

五、外来生活时尚的影响

北京作为首都，较早地融入全球化浪潮，是开放、包容外来生活时尚的国际化大都市，也是向全世界展示中国的首要窗口。这种外来生活时尚对首都社会生活创新具有重要的推动作用。

外来生活时尚在吃穿住行用方面的显性影响是最直接的。例如，在吃穿方面，1982年4月28日，建国饭店正式开业，它是中国第一家合资酒店，也是中国第一个国际饭店；1983年9月26日，法国时装设计师皮尔·卡丹在崇文门开设马克西姆餐厅；可口可乐、肯德基、麦当劳、星巴克等西式餐饮陆续进入北京，形成中西合璧的格局。20世纪80年代，法国服装皮尔·卡丹、伊夫·圣·洛朗和意大利范思哲等世界著名服装品牌进入北京，使人们领略到世界服装设计潮流。又如，在建筑、出行方面，20世纪50年代的北京"十大建筑"具有典型的苏联风格，20世纪80年代的北京"十大建筑"以及新时代大兴国际机场都具有现代及国际风格。现代、奔驰等外国车企进驻北京，出行乘坐的出租车大多是北京现代。再如在手机、互联网方面，20世纪90年代中后期及21世纪初，电脑、互联网和手机大规模进军中国市场，同时，小米等国产品牌享誉全球。此外，外来生活时尚在文化方面的隐性影响也是显著的。吃穿住行用等方面的外来生活时尚实际也是一种软性文化或软实力，同时，外国歌舞、影视作品、文学作品、娱乐设施等精神文化也陆续进入北京，各种国际文化活动争相上演。

2008年北京奥运会后，北京很好地向世界展示了中国文化、讲述了中国故事，更加强烈地吸引世界的目光，不仅外来的物质生活、精神生活更多、更丰富，外国人在京人口规模也逐步扩大，享受着古都风韵、文化魅力，体验着老北京四合院、胡同中的闲适生活，也形成望京韩国人聚集区、空港街道外企高管及使馆家属区等外籍人居住社区，国际学校等附属生活服务设施逐渐融入本地生活。受外来生活时尚的影响，社会生活更加丰富多元，首都市民生活更具现代性。

第四节　社会生活进入更加美好的新时代

新发展阶段，北京深入贯彻习近平总书记系列重要讲话精神，特别是9次视察、14次重要讲话，紧紧抓住以人民为中心的发展思想，城市发展质量不断提高，城市环境更加宜居，城市治理体系和能力更具现代化特征，满足群众"七有"要求和"五性"需要持续深化，社会生活进入更加美好的新时代。

一、以人民为中心的发展思想不断深入人心

人民性是马克思主义最鲜明的品格。党的十九大报告指出，中国共产党人要"永远把人民对美好生活的向往作为奋斗目标"[1]。在庆祝改革开放40周年大会上，习近平总书记指出："必须坚持以人民为中心，不断实现人民对美好生活的向往。"[2]坚持以人民为中心建设美好生活，是由人民的历史地位决定的，是由党的根本宗旨决定的，是由人的自由全面发展的需要决定的，充分体现了中国共产党不忘初心、牢记使命的政治立场，充分体现了中国共产党把维护人民利益作为治国理政的根本目标。

新时代，北京认真贯彻落实习近平新时代中国特色社会主义思想，将以人民为中心的发展思想写入党的每项制度文件，付诸北京每项工作实践。习近平总书记2014年2月26日视察北京工作时的讲话指出："首都规划务必坚持以人为本，坚持可持续发展，坚持一切从实际出发，贯通历史现状未来，统筹人口资源环境，让历史文化与自然生态永续利用、与现代化建设交相辉映。"坚持以人民为中心的发展思想，在《北京城市总体规划（2016年—2035年）》中得到充分贯

---

① 习近平：《决胜全面建成小康社会　夺取新时代中国特色社会主义伟大胜利》，北京：人民出版社，2017年版，第1页。

② 习近平：《在庆祝改革开放40周年大会上的讲话》，《思想政治工作研究》，2019年第1期，第7页。

彻落实，强调"坚持问题导向，积极回应人民群众关切，努力提升城市可持续发展水平"的指导思想，北京这座伟大城市正在发生深刻变化，城市综合竞争力显著提升，人民群众共享首都发展成果。

"为政之道，以顺民心为本，以厚民生为本。"中华人民共和国成立以来，北京城镇居民人均可支配收入从1956年的220元增加到2019年的73849元，农村居民家庭人均可支配收入从1956年的136元增加到2019年的28928元，北京市居民生活由温饱不足走向全面小康，已迈入富裕之门，达到高收入国家水平；文盲率由1964年的34.2%降至2010年的1.9%，平均受教育年限由1964年的5.3年增加到2010年的11.5年，城乡居民逐步实现"有学上"到"上好学"；医疗卫生健康水平不断提升，平均期望寿命由1982年的71.9岁增加到2019年的82.3岁；社会保障覆盖群体规模不断扩大，保障水平不断提升，社会保障安全阀进一步扎牢；生活必需品已经转到生活耐用品的消费时代并向数字消费迈进，线下线上消费不断满足人民生活需要，文化娱乐、休闲场景更加丰富多彩，人民生活发生了翻天覆地的改变。从生存到发展，从物质到精神，道出首都百姓千家万户追梦圆梦的喜悦，为以人民为中心的发展思想写下生动而美好的注脚，也让"为人民谋幸福"的初心愈加深入人心，朝着共同富裕的美好社会生活不断迈进。

二、高质量发展助推更加美好社会生活实践

习近平总书记指出："现阶段，我国经济发展的基本特征就是由高速增长阶段转向高质量发展阶段。"[1]高质量发展，是体现新发展理念的发展，是经济发展从"有没有"转向"好不好"的发展，必然会促进经济形态更高级、分工更细化、结构更合理、创新更强劲，这些供给侧结构性的深刻改革，必然也能够很好地满足人民日益增长的

---

① 《习近平新时代中国特色社会主义思想学习纲要》，北京：学习出版社/人民出版社，2019年版，第111页。

美好生活需要。

北京坚持推动高质量发展，牢固树立新发展理念，认真贯彻"巩固、增强、提升、畅通"八字方针，推进更高水平开放，深化供给侧结构性改革，紧紧抓住疏解非首都功能这个"牛鼻子"，落实好"六稳"要求，在转变新经济发展方式中着实为人民群众提供更加便利、更有体验感、更有国际范儿、更有品质、更加宜居的产品与服务。例如，"夜京城"地标、文旅夜游等项目点亮首都市民夜生活；王府井等商圈改造升级营造消费场景新体验；国际知名企业入驻京城引领首都国际化潮流；全国文化中心中长期规划、文化产业高质量发展三年行动计划等引领首都高品质生活；绿色低碳深入发展塑造宜居生活。

与此同时，与新时代内涵紧密相连的"新"的经济社会场景不断涌现，新科技带来的新产业，推动北京进入智能社会，"智能+生活"实践场景更加真实；互联网线上消费等经济行为产生新生活，助力北京进入消费社会，"互联网+生活"实践场景更加普及；城镇化政策重大调整，极大促进常住人口城镇化产生"新都市"，推动北京进入城市社会，"城市+生活"实践场景更加精彩。

三、满足群众"七有"要求和"五性"需要持续深化

党的十九大报告指出："必须多谋民生之利、多解民生之忧，在发展中补齐民生短板，促进社会公平正义，在幼有所育、学有所教、劳有所得、病有所医、老有所养、住有所居、弱有所扶上不断取得新进展，深入开展脱贫攻坚，保证全体人民在共建共享发展中有更多获得感，不断促进人的全面发展、全体人民共同富裕。建设平安中国，加强和创新社会治理，维护社会和谐稳定，确保国家长治久安、人民安居乐业。"①

"人们所奋斗的一切都与利益有关。"②利益是人民群众最直接最

---

① 《党的十九大报告》(辅导读本)，北京：人民出版社，2017年版，第23页。

② 《马克思恩格斯全集》(第1卷)，北京：人民出版社，2005年版，第187页。

现实的问题。新时代，北京紧紧围绕人民日益增长的对美好生活的向往期盼，构建、实施反映"七有"要求，满足百姓"五性"需要的测评指标体系，以群众诉求为导向的工作方式，将满足群众"七有""五性"需求与深化党建引领"街乡吹哨、部门报到"改革和"接诉即办"机制紧密结合，强化基层政府治理结构优化，强化党建引领各级政府及相关部门主动作为，精细化地解决群众身边的操心事、烦心事、揪心事，尤其"五性"需要方面取得巨大改善，一刻钟生活圈使百姓日常生活更加便利；细颗粒物（PM2.5）持续下降、人均公园绿地面积持续扩大，污水处理率、城市绿化覆盖率和生活垃圾无害化处理能力持续提高，天蓝水绿土净，更加宜居；文化体育等服务设施和水平提高，百姓生活更加多样；基层协商民主持续推进，居民及政府机构法律意识不断增强，依法治理实践不断深入，百姓生活公正性更加凸显；"朝阳群众""西城大妈"持续给力，人人负责、人人尽责、人人享有的社会治理共同体正在形成，首都社会环境更加安全。北京以满足人民群众"七有""五性"为抓手，党建引领特征显著、政府机构主动变革，广泛倾听人民心声、汲取人民智慧，充分地调动人民的积极性、主动性，上下合力推进社会生活进入更加美好的新时代。

四、城市基层的治理体系和能力愈加现代化

2014年2月26日，习近平总书记视察北京工作时讲话强调："建设和管理好首都，是国家治理体系和治理能力现代化的重要内容。"2017年6月27日，习近平总书记主持中央政治局常委会会议，专题听取北京城市总体规划编制工作的汇报后强调："加强精细化管理，构建超大城市有效治理体系。"党的十九届四中全会提出："必须加强和创新社会治理，完善党委领导、政府负责、民主协商、社会协同、公众参与、法治保障、科技支撑的社会治理体系，建设人人有责、人人尽责、人人享有的社会治理共同体，确保人民安居乐业、社会安定有序，建设高水平的平安中国。"

党的十八大以来，北京以改革创新精神，在党建引领下不断探索首都城市基层社会治理创新路径，城市基层治理体系现代化不断成熟定型。2018年3月，"街乡吹哨、部门报到"的工作机制是来自平谷区基层的创造，源于基层实践的探索，成为北京城市基层社会治理的一项重大改革，取得突出成效。同年，党建引领"街乡吹哨、部门报到"的经验做法得到中央认可，通过中央深化改革委员会，作为经验全国推广；同年，以东城区街道"大部制"改革试点为基础，北京市推行"六部一队四中心"的机构设置，构建简约高效的基层社会治理体制；2018年8月，实施《优化提升回龙观天通苑地区公共服务和基础设施三年行动计划（2018—2020年）》，推进公共服务、交通、市政基础设施等硬件基础不断完善；2019年1月1日开始，北京市人民政府便民电话中心"12345"市民服务热线开始将街道（乡镇）管辖权属清晰的群众诉求直接派给街乡镇，街乡镇要迅速回应，接诉即办，区政府同时接单派单，负责督办，"民有所呼、我有所应"的接诉即办机制正式形成，并将以此为基础形成的"七有""五性"纳入地方政府考核机制；2019年3月，着眼把"回天地区"打造成为大型社区治理样板，形成12个专项的软性治理体系；2019年召开北京市第三次具有划时代意义的街道工作会议，形成《关于加强新时代街道工作的意见》，同年底以此为基础制定完成《北京市街道办事处条例》，后修订《北京市物业管理条例》《北京市生活垃圾管理条例》等文件并颁布实施，抓好居民身边的民生小事，不断加强和完善城市基层社会治理体系的法治化。

新时代北京城市基层社会治理正从"多元主体＋治理技术"向共同体跃升，城市基层社会治理能力现代化水平不断提高。通过基层实践探索，初步形成社区党委领导下的居委会、物业服务企业、社会组织、业委会、社区社会组织"五方共建"的体制格局，凸显党委领导、政府负责、社会协同、公众参与的多元主体作用；建成社区议事厅、居民议事会等基层民主协商机制，形成"参与式""党政群共商共治"等民主协商有效经验；社区党委、居民党支部、居民党小组的党组织体系不断完善，以楼院为基础平台的社区、楼院、楼门的群众自治组织体系不断健全，群众性自治组织属性不断夯实；互联网、大数据等科技成果应用于基层社会治理，有效促进基层减负和网格的智能化治理；乡规民约、居民公约等居民自治制度深入人心，自治、法治、德治相互结合的城乡基层治理体系不断健全；将居民参与社区治理纳入社会信用体系等新时代社会动员机制正在形成。"小事不出社区、大事不出街道"的新时代"枫桥经验"持续巩固加强，共建共治共享的社会治理格局愈加成熟，人人有责、人人尽责、人人享有的社会治理共同体生态逐渐成形。

五、蓝绿交织，水城共融，建设高品质宜居生活

马克思主义认为，人靠自然界生活。人类在同自然的互动中生产、生活、发展①。习近平总书记指出："自然是生命之母，人与自然是生命共同体，人类必须敬畏自然、尊重自然、顺应自然、保护自然。"②保护自然就是保护人类，建设生态文明就是造福人类，就是满足人民日益增长的优美环境和高品质宜居生活的需要。

北京积极推进疏解非首都功能、治理"大城市病"，加强城市修补和生态修复，全面提升城市品质和生态水平。在城市修补中，坚持"留白增绿"，通过腾退还绿、疏解建绿、见缝插绿增加公园绿地、小微绿地和活动广场，为人民群众提供更多的游憩场所。2018年北京"民生"与"民愿"调查显示，北京市居民对居住环境总体满意率达91.9%。在疏解整治中，街巷胡同成为有绿荫处、有鸟鸣声、有老北京味的清净、舒适的公共空间，二环路内外首都独有的壮美空间秩序正在重塑。"民生"与"民愿"调查显示，2018年北京市居民对"疏解整治促提升"专项行动的总体满意率达92.9%。在生态修复中，通过改善流域生态环境，恢复历史水系，提高滨水空间品质，将"蓝

①② 《习近平新时代中国特色社会主义思想学习纲要》，北京：学习出版社/人民出版社，2019年版，第167页。

网"建设成为服务市民生活、展现城市历史与现代魅力的亮丽风景线。2020年，中心城区景观水系岸线长度增加到约300公里，到2035年增加到约500公里。黄河水首次入京，永定河山峡段河道40年来首次实现不断流。依托绿色空间、河湖水系、风景名胜、历史文化等自然和人文资源，构建层次鲜明、功能多样、内涵丰富、顺畅便捷的绿道网络，2020年，中心城区市、区、社区三级绿道总长度增加到约400公里，到2035年增加到约750公里。深入推进"一微克"行动，坚持日常抓、抓日常，细颗粒物（PM2.5）从2013年的90微克/立方米下降到2020年的42微克/立方米，优良天气从2013年的176天增加到2019年的240天，细颗粒物年均浓度继续大幅下降，空气更加新鲜，市民蓝天幸福感进一步增强。

高质量规划北京城市副中心，以打造"三个示范区"为目标，践行"绿水青山就是金山银山"的理念，着力建设生态城市、森林城市、人文城市，塑造京华风范、运河风韵、人文风采、时代风尚的城市风貌，布局从家步行5分钟可达的各种便民生活服务设施；步行15分钟可达的家园中心，享受一站式社区生活服务；步行30分钟可达组团中心及市民中心，享有丰富多元的城市生活服务，引领高品质宜居生活新高地。以大运河为主脉，恢复部分河流历史故道，疏浚治理主要河道，构建树状河网结构，形成约18平方公里水域，贯通约163公里连续滨水岸线，营造约40平方公里滨水空间。构建区域生态网络，到2035年，通州区森林覆盖率由目前的28%提高到40%，塑造水韵林海、绿野田园、人与自然和谐共生的典范地区。全面增加城市副中心绿色空间总量，到2035年，城市副中心绿色空间约41平方公里，人均绿地面积达到30平方米，公园绿地500米服务半径覆盖率达到100%。

新时代，北京正朝着建成水清、草绿、天蓝、森林环绕的生态城市，建成生活更方便、更舒心、更低碳、更美好的和谐宜居城市，建成人与自然和谐共生的现代化首都，建成望得见山、看得见水、记得住乡愁的美丽北京远景阔步迈进。

第二章

向高品质跃升的日常生活

中华人民共和国成立70多年来，北京市民的吃穿住行用持续升级。从果腹到健康餐饮，饮食质量越来越高，餐饮服务不断壮大；衣着从单调到多姿多彩、追求个性；居住条件显著改善，居住方式日益多元化；交通出行日益便利；生活用品不断丰盈，生活质量显著提高。居民精神文化生活日益丰富，公共文明建设持续推进，市民文明素质和城市文明程度不断提升。需求的更新呼唤社会朝着满足人们精神文化和心理健康的方向发展。北京"现代""时尚"的城市品质呼唤高品位的文化产品与服务，智能化餐饮创造全新生活方式，智能家居开启全新家居生活体验。

第一节 吃穿住行用持续升级

中华人民共和国成立70多年来,北京市民的饮食质量越来越高,有质量保证的餐饮服务不断蓬勃壮大;衣着从朴素单一,到绚丽多彩,再到追求个性;居住方式日益多元化;交通创新实现了资源共享化;生活必需品由满足基本需求向智能化、个性化、健康化发展……体现了北京生活从单一走向多元化,从追求量到追求质,从基本满足到个性化选择的创新方式。

一、从果腹到健康餐饮

(一)食品消费从增量到提质

20世纪60年代至70年代,萝卜、大白菜是北京百姓餐桌上的主要食物,而米、面、肉、油、糖等只能凭票供应,成为饮食生活中的"稀客"。能够吃饱就已经是饭桌上最大的愿望,人们不敢奢求食物的美味。改革开放以后,随着经济的进步和市场化的发展,各类"票证"逐步取消,粮食敞开供应,食品市场的主要供给主体更加多元化,供应品种更加多样化,饭桌上的食物越来越多,人们不仅解决了温饱问题,率先达到小康,而且还开始追求饮食的质量,由原来的果腹型向营养型、健康型和绿色型转变。

中华人民共和国成立70多年来,北京居民食品支出比重逐步下降,消费总支出不断增加,生活水平稳步提高。城镇居民人均食品烟酒消费支出由1955年的118元增加到2019年的8489元,增长71倍,恩格尔系数由57.6%下降到19.7%,饮食结构发生了巨大变化,主食让位于副食,打破了传统的"主食霸权"的局面;肉、蛋、奶、鲜菜构建副食品消费结构[1]，有品质的食品消费需求水平逐步上升。

（二）食品消费从温饱到个性化

进入21世纪，餐桌上的食物呈现个性化——想苗条的人选择吃少油低热量食物，想增肌的人注意高蛋白食物的摄入，糖尿病和高血压等慢病患者关注的是食物是否少糖和少盐……人们开始有选择性地安排餐桌上的食物，饮食变得越来越多样化和个性化。

2010年开始，一种所谓"有机农夫市集"的菜市场在北京渐渐流行起来。每周固定时间，在三里屯、亮马桥、上地、紫竹桥或顺义的某个地方，都会有一场"有机农夫市集"举行。一些对生活品质要求高的市民，选择来这种市集上买菜。这里的菜以"原生态"的方式种植，不使用农药和化肥，价格也比普通蔬菜贵很多。[2]

素食主义是一种饮食文化，秉承这种饮食文化的人称为素食主义者。细数北京的素食餐厅，可谓各立门派、百家争鸣，不仅有宫廷仿荤、纯素斋饭这样的传统素食，还有素食自助、素食火锅等新吃法。许多非素食餐厅也逐渐意识到素食养生环保的好处，逐步推出一些营养素餐。

低碳饮食是近十几年来十分流行的饮食方式，是将餐盘中的碳水化合物比例精简，改以蛋白质、脂肪为热量来源，并搭配蔬菜增加膳食纤维，维持身体运作并达到体重管理的效果。它虽然引起较大争议，但是对于想在短期内减脂减重或者改善身体指标的北京人来说，已获得一定程度的认可。

（三）餐饮消费服务日新月异

改革开放前，北京市存在普遍的"吃饭难"现象。随着经济

---

[1] 北京市统计局：《新中国成立70周年北京经济社会发展成就系列报告之十》，《从吃饱到吃好　唇齿舌尖幸福生活》，2019年9月18日。

[2] 李嘉瑞：《"有机农夫市集"北京流行　这种有机蔬菜是否值得相信》，《北京晚报》，2018年3月16日。

体制改革的全面展开，国家把包括餐饮在内的服务业纳入国家经济发展战略，北京餐饮业从基础薄弱开始逐步发展成为当前在扩内需、促消费、稳增长、惠民生等方面具有举足轻重作用的重要产业。1980年9月30日，位于东城区翠花胡同43号的"悦宾饭馆"开业，成为北京第一家个体餐馆，这在当时是个新鲜事儿，食客络绎不绝。

餐饮业中西合璧，饮食服务与时俱进，餐饮业绩再创新高。2017年，北京市餐饮收入首次突破千亿大关，2019年达到1225.4亿元，其中，2019年北京市外商投资限额以上餐饮企业主营业务收入占比达到11.5%。目前，外卖已成为首都餐饮服务业发展的最大亮点，交易市场总额达3600亿元，极大地满足了市民个性化、便捷化的需求。

二、从单调到多姿多彩

（一）朴素单调的服饰

20世纪50年代，人们崇尚劳动最光荣，朴素是时尚，中山装、列宁装成为民众的流行选择。由于生产力水平较低，物资匮乏，日常购买服装必须依靠布票，而且数量有限。再加上意识形态的限制，大多数人穿单一的颜色和款式。那时，人们穿着素布和卡其布，海昌蓝几乎淹没了北京的每一个角落。从农村到城市，都是蓝、灰、黑三色。这样一个单调乏味的服装时代，被形容为"蓝色海洋"。

在经济困难时期，漂亮的衣服大多是家里做的。技艺高超的姑娘和母亲们按照图画中的服装剪裁自己的衣服，把家人的衣服做得合身，棉布衬衫也变得漂亮一些。根据中山装的特点，人们设计出风格简洁明快的"人民装""青年装""学生装"。穿军装是那个时代无数年轻人的理想。青少年喜欢穿草绿色的军装，戴着草绿色的军帽，肩上挎着草绿色的书包，这在当时被认为是时尚体面的。当然，艰苦朴素仍然是当时最主流的时尚。

（二）绚丽多彩的服饰

20世纪80年代，服装从"保守朴素、样式单一"逐步走向"热情开放、色彩斑斓"。改革开放初期，背板色调也从灰白过渡到多彩，人们开始认识到，美不分阶级，各种服饰的解放也随之而来。人们开始接受并追求新颖的喇叭裤、蝙蝠衫、棒针衫等外来的"奇装异服"。随着化纤、纺织等服装制造工业体系的逐渐发展，垂坠滑爽的涤纶服装开始流行，"的确良"衬衫、碎花裙成为时髦男女炫耀的资本，"西装热"代表着对国际范儿的追求，宽肩服装张扬着自信、风度，紧身健美裤更是追求开放的体现，蓝白色条纹的运动衫、海魂衫和回力鞋成为那个时代的一股清新潮流。1984年，中国女排姑娘们在美国洛杉矶奥运会上实现了"三连冠"，运动装在北京开始流行，色彩鲜艳的运动服成为爱美人士的首选。

（三）追求个性的服饰

换装是人们生活质量提高的体现。服装的变化是以经济发展为前提的，也反映了人们的思想观念随着时代的变化而变化，从过去的"从众"心理转向"个性追求"。

20世纪90年代，改革开放带来了经济的快速发展，服装产业紧跟国际潮流，演绎了中国的都市时尚。职业女性穿着笔挺有型的套装，男士服装商务休闲的概念开始兴起，衬衫、T恤、运动休闲服装、风衣、羽绒服、棉服、羊毛衫、羊绒衫等适合不同场合的服装类型丰富多彩，日益满足人们多元化的生活需求，牛仔装、紧身T恤、露脐短衫、吊带背心、迷你裙则成为年轻一代的个性言说方式。

进入21世纪，人们的物质生活基本得到满足，回归自然、返璞归真的精神追求带来棉麻服装的回潮，崇尚拥抱自然、挑战自我的户外运动服装成为全民装备。人们的着装审美多元化，强调个性，不追逐流行本身也成为一种时尚。

近年来，随着我国综合国力和国际地位的不断提升，具有民族风格和传统文化特色的新中式服装日益受到青睐，体现了当下中国人的文化自信和不忘初心的精神追求。服装的演变，直观地反映了社会大背景下人们的精神风貌，使民众深刻体会到时尚的传承和变迁，感受到改革开放以来人民衣着品位、生活水平发生的巨大变化。

三、从蜗居到显著改善

（一）住房条件持续改善

胡同是北京独有的居住特色，如厕和洗澡两件大事困扰了老城居民数十年。如今公厕环境已经改善，但公共浴室的消失令洗澡越发麻烦。为疏解北京核心区人口，改善居住环境，创造共生共赢的有品质的生活方式，在不大拆大建的框架下，通过市政改造、功能补齐和现代设计的引入，开展胡同的空间腾退和内容重新植入，打造"共生院落"，推动老城复兴，胡同生活面貌发生改变。

"筒子楼"就像粮票一样，是20世纪五六十年代的产物。筒子楼原本是专为单身员工或学生设计的集体宿舍，但由于长期住房短缺，这种"大杂烩"式的集体宿舍早已演变成员工的家。作为那个时代最具代表性的住房样式，人口多、住房面积小、三代同居一室，无疑是当时住房条件的真实写照，也成了那一代北京人永远的记忆。

20世纪80年代中期，不少人住进了单元房。单元房是设施相对完备、自成体系的相对独立的房子。由集体居住到个人独立住房的转变，让北京居民的居住条件往前迈了一大步。此后，随着居住条件的不断改善，北京人的住房选择更多元化，高档住宅区、复式楼、别墅、公寓、廉租房等多种类型的房子雨后春笋般林立，居住环境更加现代化和舒适化，居民在时代的进步中享受到了越来越棒的住房体验。

（二）住房制度改革不断深化

中华人民共和国成立70多年来，北京住房制度经历了由福利分房和低租金公房制度向住房商业化、市场化的重大转变。1978年至1993年的15年是福利分房制度改革不断探索和发展的阶段，政府进行了公房出售和补贴出售住房试点，为住房制度改革进行了多种形式的尝试和创新。1994年7月18日，国务院下发《关于深化城镇住房制度改革的决定》，房改的基本内容可以概括为"三改四建"。"三改"即把投资体制改变为国家、单位、个人三者合理负担；把运行体制改变为社会化、专业化运行；把分配方式改变为以按劳分配为主的货币工资分配。"四建"即建立经济适用住房供应体系和商品房供应体系；建立住房公积金制度；建立政策性和商业性并存的住房信贷体系；建立规范化的房地产交易市场和房屋维修、管理市场。1998年是"福利分房"时代宣告终结、房改进入实质性阶段的一年，住房完全走上了商品化的道路。房屋、房价上升到人们日常生活中最关心的层面。为了满足人们住有所居的需要，北京相继推出多种房屋类型。

（三）居住方式多样化

北京的住房从早期的房改房、外销房、商品房、央产房、军产房等，到后来的经济适用房、廉租房、两限房、自住型商品房、共有产权房以及公租房等，有十多种住房品种并存于普通商品房的体系之外，居住方式日益多样化。

租房的居住方式与居住观念的兴起，满足外地人、本地人等不同群体的住房需求。发展公租房，加快实现"住有所居"。2010年，北京在全国率先出台公租房管理办法并启动建设项目，公开配租公租房的对象是"三房"家庭，即取得备案资格的廉租房、经济适用房和限价房轮候家庭。2012年公布《关于加强本市公共租赁住房建设和管理的通知》，北京公租房对非京籍人员开放。公租房逐渐进入百姓住房生活，成为城市住房体系中一个重要组成部分。北京市继续大力发展公租房，优化住房供应结构，将保障房供应方式从"以售为主"向"租售并举，以租为主"转变，公租房占到年内公开配租配售保障房数量的60%以上。

大力发展集体租赁住房。为贯彻落实中央关于"房子是用来住的、不是用来炒的"重要定位，以及《北京城市总体规划（2016年—2035年）》关于建立租购并举住房体系，建设国际一流的和谐宜居之都的重要举措，加快北京市房地产市场供给侧结构性改革，解决区域职住平衡等问题，2017年，北京市出台《关于进一步加强利用集体土地建设租赁住房工作的有关意见》，计划在5年期间供应1000公顷集体土地，用于建设集体租赁住房。

四、从步行到立体交通

（一）不断进步的交通工具

交通工具的不断进步，解放了人们的双脚，节省了人们的时间，缩短了人们的距离，方便了人与人之间的沟通和交流，为打造国人幸福生活提供了一定的物质保障。

改革开放后，随着科技日新月异的发展，现代的出行方式、出行工具已经发生了翻天覆地的变化。以往长时间占据百姓主要交通运力的人力车逐渐退出了历史的舞台。北京最早生产的自行车品牌叫火炬牌，而后命名为燕牌。20世纪80年代初期，北京的自行车普及率比全国的普及率高得多，北京的小胡同多，自行车是人们最方便的交通工具。"凤凰""飞鸽""永久"三大品牌自行车颇受人们的喜爱。之后摩托车进入了人们的视野，成为都市新宠，成为家庭条件优越的一个新标志、新象征。

20世纪90年代，摩托车在城市已司空见惯，马路逐渐被小汽车占领。1983年，北京汽车制造厂与美国汽车公司（AMC）联合成立中国首家合资车企"北京吉普"。2002年，北京现代汽车有限公司成立，它是中国加入世界贸易组织（WTO）后被批准的第一个汽车生产领域的中外合资项目，并被确定为振兴北京现代制造业、发展首都经济的龙头项目和示范工程。随着新能源技术、网联技术、智能驾驶技术的成熟和全面运用，汽车市场正面临新一轮的变革，包括北京现代在内的所有合资品牌，都将面临新的转型。

（二）逐渐成熟的公路系统

北京的道路交通系统发生了巨大的变化，公路里程由1978年的0.66万公里增长到2019年的2.2万公里，高速公路通车里程达到1168公里，五环以内道路长度0.64万公里；干线公路标准和质量普遍提高，农村公路、旅游公路蓬勃发展。建制村庄已与公路相连，公交入村。1993年，利用世界银行贷款修建的第一条省际高速公路——京津塘高速公路的建成，具有极强的开创性。

公共汽车中，第一辆双层巴士、第一辆专用巴士、第一辆清洁燃料车……都抒写着北京公交制度在不断创新和改革中的进步和成长。新世纪，北京街头又多了一番景象，写着"巴士公交"字样的公交车逐渐增多。2014年，缩小版公交车的问世，是北京公交史上的又一重大创新：10辆8米级新缩小版公交车正式投入530路运营，未来公交将呈现小型化趋势。2019年，北京市城市快速路和主干道里程增加到1396公里。

（三）多项第一的轨道交通

北京城市轨道交通发展迅速，许多技术和案例均居全国乃至世界首位。在1969年建成的全国第一条地铁线路基础上，不断研究和完善，既继承和吸收了老地铁设计的优点，又摒弃了其缺点和不足，发展成为一个方便快捷的地铁网。2017年底开通的国内首条完全自主知识产权的自主运营线路燕房线，揭开了北京地铁发展历史的新篇章。

随着北京城市的发展和市民出行需求的增加，近年来，北京主城区内、环郊等轨道交通的总里程也在不断增加，轨道交通在城市通勤出行中所占的比例越来越大。2019年，全市共有轨道交通运行线路23条，运营里程699.3公里，运营车辆6449辆，全年客运总量39.6亿人次，高峰时段最短发车间隔缩短至2分钟以内，是世界上最繁忙的轨道交通之一。

在设备技术、管理和运营方面，北京市轨道交通全网实行"人物同检"和车站安全门全覆盖，安全运营水平处于国际领先水平。随着互联网技术的发展，实现互联网购票、手机扫码进站、京津冀卡联网，乘坐地铁更加便捷，原来的纸质车票和月票成为历史。

（四）绿色发展的新能源汽车

以电动汽车为主的新能源汽车是战略性新兴产业。为实现交通领域节能减排，应对大气污染及PM2.5治理的挑战，北京市制定了新能源汽车发展规划，重点发展电动车辆技术和产业。北京交通创新实现了资源共享，落实了开放协调发展理念，践行了绿色创新理念。同时，科技也给人们的生活带来更多便利。根据北京交通发展研究院2019年发布的报告，2010年至2018年，北京机动车保有量逐年增加，2018年达到608.4万辆，但总体增速有所放缓；新能源汽车数量自2015年以来增长迅速，2018年达到22.5万辆。为缓解交通拥堵，北京市在2010年出台小客车数量调控政策。2011年是政策实施的第一年，北京市机动车保有量增长率从2010年的19.7%直线下降到3.6%，政策成效显著。受政策继续执行和乘用车指标进一步下调的影响，北京机动车保有量增速进一步放缓。①

五、生活用品不断丰富

（一）生活用品满足基本生活需求阶段

中华人民共和国成立至改革开放前，商品销售由国营商场和集体商店承担。随着市场供应不断改善，生活用品日益丰富，日用品类社会零售额迅速增长。1978年增加到16亿元，是1949年的40倍。北京市居民用品支出在食品、服装、用品和燃料等4类商品支出中的比重略有增加。"三转一响"快速增长，家庭设备用品和服务支出大幅增

---

① 刘珃：《北京新能源车保有量去年达到22.5万辆》，《北京青年报》，2019年8月3日。

长。国民经济进入恢复发展期后，工业化进程加快。北京市每百户城镇居民家庭拥有的自行车、缝纫机、手表、收录音机数量大幅增加，居民购买力持续增强。

（二）生活用品从普及到多元化

改革开放后，生产力不断增强，居民收入持续增长，消费能力不断增强。同时，经济体制改革极大地激发了市场活力，商品供应量大幅增加，品种日益丰富，首都耐用消费品拥有量激增。彩电、冰箱、洗衣机、电风扇等进入千家万户并饱和。随着生产规模的扩大和技术升级的加快，产品价格持续下跌。原本由少数人拥有的高端消费品逐渐进入普通百姓的生活，电脑、手机、家用汽车等也在不断增加。消费渠道更加多元化，日用品零售额迅速增长。商场类型多样化，零售业态逐步由单一向多元化转变，涌现出各类新百货、超市、专卖店和连锁企业，满足了居民多层次、多样化的消费需求，居民生活水平显著提高。

（三）生活用品走向智能化

随着经济社会的发展和收入水平的不断提高，居民对生活必需品和耐用消费品需求日益多元化。2012年以来，新技术革命浪潮席卷全球，互联网时代应运而生。基于计算机和移动设备为载体的人工智能时代到来。家用产品更智能，比如手机可以集成学习、交通、娱乐等功能；同时，耐用消费品拥有量保持稳定。随着"互联网+"新兴业态的出现，网购成为一种新的消费习惯。随着互联网和计算机技术的进步和产品价格的不断下降，计算机、手机和网络越来越普及，以互联网技术为基础的云计算、物联网等新一代信息技术逐渐渗透到各行各业，移动支付更加方便快捷，互联网消费规模迅速扩大。居民消费方式逐步由线下消费向线上线下同步消费转变，线上消费量迅速增长。

第二节　精神文化生活日益丰富

社会发展的辉煌历史是人类物质和精神生产活动不断发展的历史，也是人类物质和精神需要不断满足的历史。物质文明的发展对精神文明的发展提出了更高的要求，经济的多样化促进了文化生活的多样化。中华人民共和国成立70多年来，首都的思想文化建设飞速发展，引领着精神文化生活的新趋势。北京充分发挥资源优势，在国家文化中心城市功能定位的基础上，持续推进公共文明建设，出台多项产业发展促进政策，文化娱乐市场逐步完善，消费需求旺盛，居民精神文化生活得到改善。中国共产党第十八次全国代表大会以来，宣传思想文化工作取得了历史性的成就，发生了历史性的变化。北京一直致力于促进精神文化的繁荣，利用高质量的精神文化发展成果惠及首都人民，并不断增强人们精神文化的幸福感。

一、更新日常生活新需求

（一）文化消费逐渐增强

随着经济增长模式由投资主导型向消费主导型逐步转变，普通大众的文化消费水平不断提升，文化消费日益成为经济增长的特殊引擎。1978年，改革开放促进了经济社会的巨大发展，北京文化事业进入新的发展时期。居民对文化娱乐消费的需求逐渐增加，精神文化生活更加丰富。文化体育事业发展加快，供给日益丰富。组织的文化活动数量继续增加，大众美术馆和文化中心共同组织的文化活动越来越多样。亚运会和奥运会的举办促进了北京体育基础设施的建设。居民收入稳步增长，用于娱乐的耐用消费品逐渐普及。改革开放后，与经济增长相应的是居民收入稳定增长，对娱乐消费的需求逐步增加。家庭娱乐和耐用消费品经历了从小到大、从零开始到多样化、从低到高质量的变化趋势。改革开放之初，只有少数家庭拥有彩色电视机；

到1992年，城市家庭每100户就拥有101台彩色电视机，高端耐用消费品进入普通家庭并普及。

（二）文化市场蓬勃发展

党的十四大确立了建立社会主义市场经济体制的改革目标，确立了北京文化事业新的发展方向。进入新世纪，北京文化、体育、娱乐事业进入繁荣发展时期。

公共服务水平提高，设施体系不断完善。1978年至2018年，全市公共图书馆由18个增加到24个，馆藏总量由1423万册增加到6777万册；博物馆等文物保护机构增至78个；公共体育基础设施保持快速增长，2018年，全市体育场馆3.16万个，人均面积2.32平方米。

行业规模稳步增长，市场蓬勃发展。文化产业逐步成为首都经济发展的支柱产业。1994年，全市电影票收入仅5100万元，放映10.6万场次，观众2166.5万人次。随着影视体制改革，电影行业蓬勃发展，2019年，北京拥有256家影院、1836块银幕、放映356.2万场次，观众7634.1万人次，电影票收入达到36.1亿元。未来，北京市还将加快城市影院、乡镇影院空白点建设，力争满足居民在城六区一公里范围内看电影的需求。居民娱乐消费显著增长，相关服务需求持续增长。居民文化娱乐支出逐步向发展型、享受型转变。2019年，人均教育文化娱乐支出达到4311元。外出旅游已成为居民休闲娱乐的重要方式，2019年，北京市有资质组织国内居民出境旅游的旅行社达到517个，组织出境人数达到484.5万人次。

（三）文化产品高质量发展

随着群众需求变化，北京市不断调整、丰富文化产品和服务。近年来，越来越多的"单位人"向"社会人"转变，"两新"组织员工、自由职业者等新业态从业人员迅速发展。北京运用大数据、移动终端、人工智能等先进手段，分析不同年龄、地域、职业群体的思想、实践和文化需求，提供有针对性的个性化服务。在满足需求的同时，把社会主义核心价值观贯穿于文化产品创造和文化服务提供的全过程，紧紧把握人民精神文化需求的新动向和新要求，及时推出各类有号召力和吸引力的文化产品和服务。

通过供给侧结构性改革，增加有效供给，调整减少无效供给。在丰富人民群众精神文化生活的同时，促进文化高质量发展。随着人们视野的不断拓宽，对文艺作品的思想内容、艺术水平、语言风格等的品位和水平要求不断提高，为实现文学作品向高峰攀登，北京市创作取向坚持以人为本，深入生活，扎根群众，切实提高文学作品质量，不断推出精品，展示新时代、新气象，推动形成文艺精品荟萃、名家辈出的生动局面。

二、创造日常生活新品质

（一）青年突击队成为成长的重要摇篮

1954年，中华人民共和国第一支青年突击队——胡耀林木工青年突击队在北京苏联展览馆工区成立。此后，在社会主义建设初期和改革开放新时期，一代又一代的北京青年突击队高举青年突击队的旗帜，表现出一流的管理水平，取得一流的工程质量和综合效益，在基本建设史上树立一座又一座丰碑，为首都建设和发展做出突出贡献。60多年来，北京青年突击队不断发展壮大，成为全国建设热潮中抢眼的突击队，成为每个时代的鲜明标志。北京地铁、北京西站、鸟巢等重大项目都有青年突击队的踊跃参与。目前，活跃在首都建筑业第一线的2000多支青年突击队已拥有近百万优秀青年，成为青年参与经济建设的主力军。今天，随着首都北京进入城市建设新阶段，北京青年突击队面临着新的任务和挑战。青年突击队奔赴北京城市副中心建设、新机场建设等重大项目的第一线，日益成长为北京共青团组织时间最长、社会影响最大、服务经济建设最直接、效益最全面的品牌，已成为经济发展的重要力量和重要载体。

（二）实施"四心"工程，共建文明家园

培育良好的文明素质需要有良好的生活环境，北京市提出实施"四心"工程，为市民营造良好的社区环境。"四心"工程瞄准建设北京首善、培育新人的良好社区环境，从居住环境、社区设施、文化生活、社会秩序等方面做文章。"一呼百应解民忧，众手相助送真情"，是干群携手共建文明家园的生动写照。针对社区群众的日常生活难题，办起小饭桌，解决双职工的孩子放学吃饭难问题；设立临时托儿所，解决家长出差孩子没人管问题；和医院一起创办医疗大篷车，解决居民看病不便难题；建立"谈心角"，排解老人生活寂寞问题。悉心全面的社区关怀，大大增强了社区共建文明家园的凝聚力。居民待在家里放心、走在街上舒心、工作起来安心、遇到难事省心。

（三）形成4级群众文化网络

北京市创建包括市、区、街道、居委会的4级群众文化网络，积极营造健康向上的社区文化氛围。通过举办丰富多彩的社区文化活动，逐步形成颇具特色的"四季风景线"：春天有"五月花会"，夏天有"夏日文化广场"，秋天有"金秋艺术节"，冬季有"春节庙会"，将文明的种子撒进千家万户。近年来，群众性文化活动逐渐扩大并延伸到楼群、胡同、大院和家庭。秧歌队、舞蹈队、书画社、诗歌社、庙会、京剧院、杂技馆等，构成社区文化的"文化细胞"。"天天有活动，处处有歌声，月月有高潮"，在北京市的一个个社区里，环境优雅的图书馆、设施齐全的健身房，以及众多的读书会、诗社、秧歌队、合唱团、时装表演队、书画社……成了社区居民休闲娱乐的好去处，人们在浓郁的文化氛围中欢乐地体验着京城的美好生活。

（四）首都青年建功新时代

围绕全面建成小康社会目标任务，广泛动员青年建功新时代，团结带领广大团员青年为构建更加有效的首都治理体系做出积极贡献，

北京共青团带领广大青年踊跃投身首都"四个中心"功能建设和京津冀协同发展，配合做好北京2022年冬奥会筹备工作，助力打赢"三大攻坚战"。同时，通过区域化团建机制、参与"回天有我"专项行动、试点组建"青年小巷管家"队伍等，组织引导广大青年在首都基层治理中发挥更大的作用。聚焦助学育人、学业辅导、毕业求职、能力提升、创新创业、社会融入、婚恋交友、老人赡养、子女教育等方面，推动青少年服务"精准供给"。完善"1+6+3"涉诉未成年人服务保护体系，做好"12355"热线的整合、提升，切实维护好青少年合法权益。提升联系服务工作实效，增强青少年获得感、幸福感、安全感，进一步提升工作针对性和有效性。

三、首都社会生活新气派

（一）公民道德建设

1981年5月，北京市响应中央倡议，开展"五讲四美"活动，后来发展为"五讲四美三热爱"活动，吸引数百万市民参与，涌现出一大批文明集体。1995年，修订《首都市民文明公约》，制定《首都市民文明守则》。2001年12月，出台《关于贯彻落实〈公民道德实施纲要〉的意见》。2014年，出台《北京市中小学培育和践行社会主义核心价值观实施意见》，开展"百部爱国主义影片"进校园、"讲家训、传美德、树家风"等活动。

（二）军（警）民共建活动

1982年2月，北京卫戍区某部代理班长袁满屯为抢救落入什刹海的两名工人，献出年仅21岁的宝贵生命。袁满屯见义勇为的壮举，在社会上引起了强烈的反响，柳荫居民深受感动，由此也引发了柳荫军民对拥军优属、拥政爱民的新思考。1983年3月14日，徐向前元帅亲笔题写"柳荫军民文明街"。军民共建社会主义精神文明活动从这里走向全国。

（三）学雷锋活动

1983年2月，宣武区共青团在大栅栏地区率先发起"综合包户"志愿服务，把学雷锋活动由不定期地做好事、送温暖变为定时、定点、定服务的长期入户服务，从此开启中国志愿服务的大门。

（四）公共文明引导行动

2001年，北京市组建公共文明引导志愿服务队伍，如今，这支"柠檬黄"队伍已发展到约9000人。这支队伍充分发挥了精神文明宣传员、文明礼仪示范员、排队乘车引导员、交通文明协管员、治安防范信息员、群众困难排解员、站台环境维护员、公共文明观察员"八大员"的作用，大力弘扬"学习雷锋、奉献他人、提升自己"的志愿服务理念，是"讲文明树新风的排头兵"，是引领社会文明风尚的践行者。2019年，北京市实名注册的志愿者达438.3万人，志愿团体7.6万多个，成为京城一道亮丽的风景线。

（五）弘扬践行"北京精神"

2011年，北京市公布了"爱国、创新、包容、厚德"4个词组成的"北京精神"。作为城市精神，它是首都人民长期发展建设实践过程中所形成的精神财富的概括和总结，体现社会主义核心价值体系的要求，体现首都历史文化的特征，为建设"人文北京、科技北京、绿色北京"提供了强大的精神动力和重要支撑。首都各界大力弘扬、认真践行"北京精神"，"北京精神"已经内化为首都市民的价值认同和精神追求，已经融入人们的日常生活和具体细节之中，凝聚起推动首都发展、社会和谐稳定的强大力量。

第三节 日常生活未来走势

需求的更新呼唤社会朝着满足人们精神文化和心理健康的方向发展。随着收入增长、政策显效、新技术应用和服务性消费兴起，进一步释放居民消费需求，新的消费需求和服务性消费推动优化消费结构。北京"现代""时尚"的城市品质呼唤高品位的文化产品与服务，智能化餐饮创造全新生活方式，智能家居开启全新家居生活体验，共享化、网络化、智能化出行成为新趋势，高品质的生活方式描绘着绚丽的都市生活图景，国际一流和谐宜居之都建设谱写首都发展新篇章。

一、多元化需求持续增长

（一）精神文化消费结构优化升级

党的十八大以来，北京对文化产业的政策扶持力度进一步加大。新业态不断涌现，产业融合发展加速。同时，居民消费需求快速增长，消费结构优化升级，娱乐消费市场活跃，市场空间和创收能力不断扩大。2019年，全市244个A级以上及重点旅游景区共接待游客3.1亿人次，实现旅游收入8825.1亿元。居民消费结构不断优化，娱乐服务消费占主导地位。新的消费形态不断涌现，文化娱乐消费升级趋势明显。近年来，随着互联网与各行业的渗透和融合加速，产业数字化、网络化进程加快，新型智能产品需求迅速增加。筹备第24届冬奥会也促进了冰雪消费市场的发展。2018年，第四届冰雪季共举办市、区级活动336场，"一区一品"冰雪活动3753场，参与人数502万人次，影响力持续扩大。展望未来，在首都的新功能定位下，首都文化事业将迎来新的发展机遇，居民精神文化生活将更加丰富多彩。

（二）服务消费需求多元化发展

服务消费已由温饱型向发展型转变。中华人民共和国成立70多年来，北京居民的消费需求逐渐由基本物质文化消费需求向美好生活消费需求转变。文化教育、艺术鉴赏、体育娱乐等消费需求持续增长。从供给来看，2008年至2019年，教育、文化、娱乐等领域收入年均增长10%以上；从需求看，城镇居民人均教育文化娱乐支出占家庭消费支出的比重从中华人民共和国成立初期的不足3%上升至10%以上。

服务消费从同质化、单一化向个性化、多样化转变。经过70多年的发展，居民的服务消费需求不断升级，逐步转向个性化和多元化的优质消费。专业服务深入日常生活的方方面面，家政服务、婚庆服务、宠物服务等保持快速增长；医疗服务供给体系逐步完善，居民追求更便捷的医疗保健和更为舒适的服务体验；医养、康养等为老服务快速发展，异地养老、组团养老等模式多种多样。

（三）互联网经济开辟服务消费新领域

随着经济的发展和科技的进步，互联网、大数据、云计算等新型技术快速投入应用，新型商业模式层出不穷，不断刺激衍生新的消费需求，更新居民的消费方式。在文化娱乐方面，网络视频、网络文学、网络游戏逐渐融入居民日常生活，并逐步主导居民文化娱乐新习惯；公交、地铁、出租车、共享单车等方面的智能化为居民提供全新的出行体验。2015年以来，北京居民网上购物量迅速增长，卖家在全国电子商务平台实现的个人服务交易金额继续保持两位数增长，远高于电子商务平台交易的平均增速。

二、文化引领未来发展

（一）生活更加舒适和便利

生活满意度在城市里很重要，城市不仅带来高收入，还要提供健康、自由和文化创新，人们更追求生活的舒适和便利，更关注交通便利和职住平衡。随着城市建设的加速，北京路网规划和供给密度往往滞后于城市的扩张，对于很多工作和生活在北京的居民来说，通勤和日常出门花费的时间像一场短途旅行，降低了居民对工作和生活的舒适和便利需求满意度。但随着北京新版城市总体发展规划的实施，以及各类住房、交通、教育、医疗等专业规划的实施，北京居民在交通出行、职住平衡、购物娱乐、社会保障等服务供给方面迎来综合性改观。而整体公共服务品质提升将进一步引导健康生活需求，带来公共服务供需质量双向提升，居民生活将更为舒适和便利，有效提升生活满意度。

（二）现代时尚的城市品质

北京具有吸引年轻人的"时尚新潮""热爱生活"的城市品质，因此，北京是世界知名品牌的主要聚集地之一。遍布全市的大型购物中心，是20世纪90年代以来北京带给人们的现代化繁荣大都市的深刻印象。同样，北京在文娱活力方面，"娱"的比重也紧追随"文"，也具备满足精神生活更高层次需求的基础和环境。无论是文学、资讯及其他泛阅读，还是运动、美妆等自我关爱，抑或是旅拍、智能家居等生活新鲜感层面，北京都展示出足够的热情和闲趣拥抱生活。

（三）品位高、覆盖广的文化产品与服务

北京着力提供品位高、覆盖广的文化产品、文化服务，使市民精神文化生活日益丰富，公共文化设施、文化产品、文化服务实现了从保基本到高品质的全面跃升。覆盖城乡的公共文化服务体系已经建成，国家大剧院、首都博物馆、北京图书大厦等成为文化地标，剧场、影院、图书馆、文化馆站遍布，浓浓书香溢满京城。首都城市创新氛围日益浓郁，创新活力不断迸发，为推进全国科技创新中心建设注入文化因子、厚植文化沃土。创意设计、动漫游戏、网络视听、电子竞技等新业态不断涌现，文化与科技、金融、旅游、体育融合发展，现代文化产业体系日益健全。

三、科技支撑未来生活

（一）智能化餐饮创造全新生活方式

餐饮的智能化之路是餐饮行业发展的缩影，从手写点餐、平板电脑点餐，到手机自助点餐，智能餐饮软件在餐饮企业广泛应用并得到消费者的认同，促进了餐饮互联网的发展。美团网的诞生是北京饮食文化创新的重要标志。美团外卖2013年上线，用了半年多时间就从日订单500万单到1000万单，将平均送餐时间缩短到28分钟，对消费者而言，线上菜单展示也使得消费体验更为便捷。中华人民共和国成立70多年来，北京市居民饮食从消费不足到吃饱、吃好再到转型升级，食品消费支出一路攀升，膳食结构持续优化。首都人民从舌尖上感受到社会生活的变迁，在吃得健康、吃得放心中走进新时代、踏入新征程。

（二）智能家居实现全新家居生活体验

随着互联网的快速发展，人们的生活更注重精神世界的享受，智能家居在线化、智能化和自动化的产品体验给消费者的生活带来很大的变化。更加便捷的生活方式——通过语音识别技术创造无接触的生活方式，提高了生活质量；更有创意的生活场景——一键启动智能设备，让生活变得更高效；家庭安全更有保障——智能门锁、智能安防摄像头、智能猫眼、智能燃气报警器等智能家居设备的应用为家庭安全提供保障。节能环保，减少家庭的用电量和安全隐患。打破时空的限制，应用物联网通信技术，实现线上管理。智能厨房，用手机实现Wi-Fi互联集成灶远程控制，智能化预约烹饪。随着人们消费需求的不断发展和住宅的智能化，智能家居系统将有更丰富的内容，系统配置也会越来越复杂。而北京世界城市建设和住宅更替进程，使未来北京居民拥有完美的智能家居系统成为可能，不仅使人们生活变得更加便捷、安全和智能，还将提升人们对于理想家居环境的期待感。

（三）共享化、网络化、智能化出行成为新趋势

绿色生活强调共享和减少资源浪费。随着社会的进步和人们文化水平的提高，通过共享、共同创造来促进可持续发展已成为共识。北京在这方面有大数据的优势。创新在于质疑：未来的交通出行，每个人都必须拥有一辆车吗？未来，交通就是共享、新能源、智能化，人工智能技术就是利用大数据和智能交通，了解人们的出行规律，了解交通路况，从而给大家提建议，为每一辆车规划路线。提高城市整体出行效率。在少用车的同时满足更多人的需求，把停车场变成绿地和学校，把绿色城市还给人们。因此，多种智能汽车应用应运而生，它见证了技术创新如何在短短几年的变革中改变行业格局，它们正在为交通的未来不懈努力。

第三章

成就梦想的教育生活

教育是美好生活的组成部分，也是美好生活的基础。中华人民共和国成立70多年来，北京教育取得了历史性成就，发生了历史性变革。北京市全面贯彻党的教育方针，坚持教育优先发展，持续加大教育投入，不断推进教育综合改革。党的十八大以来，北京的基本公共教育服务均等化水平大幅提升，优质教育资源惠及全体市民，为全国教育改革积累了重要经验，为提升中国教育的世界影响力提供了重要支撑。

第一节　努力办好人民满意的教育

中华人民共和国成立以后，在党的领导下，北京市按照发展"民族的、科学的、大众的文化教育"的要求，通过全面改造旧教育、建立和完善社会主义教育制度，从根本上为保障人民群众的受教育权创造了条件。尽管发展道路曲折，但到20世纪70年代末，北京基本建立了门类齐全、结构完整的社会主义国民教育体系。

一、作为民生之基的教育需要

1949年，北京仅有13所大学，在校学生15161人；中等学校在校学生4.46万人。小学学龄失学儿童却高达10万人，占全部小学适龄儿童的46%。[①]北京市人民政府迅速接管、接办教育机构，对旧学校进行调整、改造，向广大工农子弟敞开学校大门，建立新型的师生关系和教学秩序，为北京教育事业发展打下了良好基础。[②]1949年至1966年的经济社会发展奠定了北京教育的基础。1977年，中断10年的高考恢复了，很多人拥有了接受高等教育的机会，并因此改变了自身命运。1986年7月1日，《中华人民共和国义务教育法》颁行。20世纪80年代中期到90年代中期，北京市教育的重点工作是普及九年义务教育，这一目标在20世纪末已经实现。

进入21世纪之后，伴随着北京经济社会的快速发展，人们对教育的需求水平越来越高。当城乡免费义务教育全面普及，从根本上解决了适龄儿童少年"有学上"的问题之后，区域之间、城乡之间、学校之间办学水平和教育质量的差距逐渐显现，人民群众不断增长的高质量教育需要与供给不足的矛盾凸显，越来越多的人期望"好上

[①] 刘利民：《序》，任彧主编：《北京教育60年（1949～2009图集）》，北京：北京工艺美术出版社，2009年版。

[②] 孟祥辉、陈荣光主编：《北京教育档案文粹（上）》，北京：华艺出版社，2008年版，第22—60页。

学""上好学"。在此意义上，教育是寄托着无数家庭对美好生活期盼的民生工程。让孩子享受优质教育、得到全面而有个性的发展，不仅是政府的责任，也是普通百姓的心声。

进入新时代，人们对美好生活的向往更加强烈，人们普遍期待优质而公平的教育，期盼孩子们能成长得更好、工作得更好、生活得更好。对于儿童和青少年来说，他们希望上优质的学校，接受优质的教育，在全面发展的同时能够学有所乐、学有所长；对于青年人来说，接受优质教育不仅是谋求好工作的手段，而且是追求梦想的过程；对于老年人来说，他们希望老有所学、老有所为、老有所乐，通过不断的学习享受充实、美满的晚年生活。简而言之，人民群众日益增长的美好生活需要越来越多地表现在对"美好教育"的需求上，教育在追求美好生活中扮演了越来越重要的角色。人们向往的美好教育是公平、优质、多样化、个性化的可选择的教育。

党的十八大报告把教育问题作为创造美好生活、改善民生的首要问题进行了阐述，其核心就是努力办好人民满意的教育。习近平总书记在党的十九大报告中指出："建设教育强国是中华民族伟大复兴的基础工程，必须把教育事业放在优先位置，深化教育改革，加快教育现代化，办好人民满意的教育。"北京的城市功能定位和现代化建设要求北京的教育率先发展。办好人民满意的教育，必须关注和回应人民群众的教育需要。

二、不断完善的教育保障体系

坚持以人民为中心，努力办好人民满意的教育，使每一个孩子都能享有公平而有质量的教育，是北京教育改革和发展的根本目的。北京在全国率先召开教育大会，将教育现代化建设纳入北京城市总体规划的实施体系中，将发展目标任务落实到本市国民经济和社会发展规划之中，持续加大教育投入、加强教师队伍建设，探索破解首都教育发展中的热点、难点问题，不断推进首都教育现代化进程。

（一）教育投入不断加大

北京市不断加大教育投入，始终把教育放在优先发展的位置。教育投入是教育事业的物质基础，是支撑长远发展的基础性、战略性投资。"率先实现教育现代化"是21世纪以来北京教育事业的奋斗目标。自2000年以来，北京的教育经费逐年增加。2011年，北京市地方教育经费总投入突破500亿元，2018年突破1000亿元。2019年，北京市一般公共预算支出7408.19亿元，一般公共预算教育经费占一般公共预算支出的比例为15.19%。其中，全市幼儿园、普通小学、普通初中、普通高中、中等职业学校、普通高等学校生均一般公共预算教育事业费（包括教育事业费、基建经费、教育费附加）支出分别为37465.30元、33775.31元、61004.53元、70582.25元、66304.61元和64022.10元。北京各级生均教育经费在全国处于领先水平。北京市已经制定方案，确保一般公共预算教育支出逐年只增不减。

为办好人民满意的教育，北京市合理配置教育资源，加快缩小城乡、区域、学校之间的教育差距，办好每一所学校。教育现代化要求均衡发展，投资政策向弱者倾斜。为确保每一个适龄儿童、少年接受良好的义务教育，北京市义务教育阶段"两免一补"政策逐步过渡到"三免两补"。从2010年9月开始，北京市义务教育实现全面免费。从2011年9月开始，北京市对义务教育阶段农村学生实行"三免两补"，即免杂费、免教科书费、免住宿费，给予生活补助、交通补助。

同时，北京的教育经费投入引入"问题导向"机制，聚焦支持解决人民群众关注的热点、难点问题。完善市、区两级财政保障学前教育事业发展的长效机制，通过给予扩学位补助、租金补贴、生均定额补助等方式，扩大学前教育学位供给。近些年，北京市通过补齐教育资源短板，支持城区优质学校与薄弱学校开展帮扶活动的形式，全面提升城市副中心、城市南部地区、"回天地区"的教育质量。

（二）教师队伍建设不断加强

教师是立教之本、兴教之源。遇到有理想信念、有道德情操、有扎实学识、有仁爱之心的教师是每一位学生的愿望。北京市开展做新时代"四有好老师"和"四个引路人"（做学生锤炼品格的引路人、做学生学习知识的引路人、做学生创新思维的引路人、做学生奉献祖国的引路人）学习实践活动，加强教师职业理想和道德教育，定期评选北京市人民教师、北京市优秀教师，强化教师榜样的宣传引领。

近年来，北京制定了一系列政策加强义务教育教师队伍建设，提升教师队伍质量。北京鼓励和吸引优秀人才从事教育事业，加大体育、美育、劳动教育等紧缺学科教师的配备力度。从2018年开始，北京市实施"拓展中小学教师来源行动计划"，每年增加2300余名师范生培养名额。落实乡村教师支持计划，每年补充300多名紧缺学科乡村教师。2015年至2020年，北京市对全体乡村教师进行了不少于360学时的培训，旨在全面提升乡村教师的质量。

在待遇方面，北京市完善中小学教师工资正常增长机制和中小学教师工资与公务员工资同步调整联动机制，确保中小学教师平均工资收入水平不低于或高于本地区公务员平均工资收入水平。2018年，北京市义务教育教师年人均工资为17.95万元，公务员年平均工资为16.59万元，义务教育教师工资收入超过了公务员平均工资水平。为提高乡村教师岗位的吸引力、稳定乡村骨干教师队伍、激发乡村教师的工作热情，从2016年9月开始，乡村教师享受市级财政发放的岗位生活补助，补助金额每月1400～4000元。北京市已基本形成"越往基层，越是艰苦，待遇越高"的教师激励机制。

近年来，针对幼儿教师相对不足的问题，北京市不断增加高校学前教育专业的规模，加大本专科层次幼儿园教师的培养力度。同时，拓宽幼儿园教师引入渠道，通过政府购买服务等多种方式补充师资。通过多渠道、多种方式解决公办幼儿园非在编教师工资待遇偏低的问题，逐步实现同工同酬。同时，采取委托培养等方式，按新增学位比例培养一批幼儿园卫生保健人员。

（三）教育改革不断探索创新

2014年，习近平总书记到北京市海淀区民族小学参加庆祝"六一"国际儿童节活动，针对少年儿童如何培育和践行社会主义核心价值观提出十六字要求："记住要求、心有榜样、从小做起、接受帮助。"近年来，北京市中小学校全面贯彻党的教育方针，坚持育人为本、德育为先，将德育落实在各科课堂教学之中、渗透在校园生活的各个环节，着力推进社会主义核心价值观教育落细、落小、落实。

北京市始终把促进学生健康成长作为学校一切工作的出发点和落脚点，培育学生适应终身发展和社会发展需要的核心素养和关键能力。北京充分利用首都资源集聚优势，鼓励高等学校、教学研究和教育科研部门、社会机构参与和支持中小学校建设，通过协作共建附属学校、艺术家工作室、体育俱乐部和派遣外语教师等多种方式，支持学校加强师资培养、学科教学、文化建设等工作，促进学校特色发展，全面提升办学质量，努力办好每一所学校。

北京市教委于2014年启动高等学校社会力量支持小学体育、美育发展工作。2014年9月，北京地区20所高等学校（中央8所、北京12所）以及国家大剧院等8个社会单位参与13个区县143所小学的体育、美育工作。至2018年，"高参小"项目通过21所高校、11家社会力量机构，向166所小学提供优质体育、美育资源，取得明显成效和很好的社会反响。"高参小"项目立足项目学校的实际需求和发展需求，在保证基础工作的同时，不断创新，谋求突破，引领项目学校开展课题研究，同时还启动种子教师培训计划，促进项目学校逐步实现由"输血"到"造血"的转变。

2019年7月8日，北京市东城区天坛东里小学"墨娃唱京戏　国粹颂祖国"京剧汇报演出暨"高参小"艺术教育成果展示在北京湖广会馆举行。此次演出是天坛东里小学3年来传承京剧艺术成果汇报，同时也是"高参小"项目的成果展示。正如负责此次演出的德育主任王珏老师所说："我们开设的京剧课程不是让孩子都在课堂上学唱京剧，而是培养他们接受传统文化的思想，让孩子们接触、感受京剧的魅力。我们只是为孩子们打开一扇窗，让孩子们有机会了解中华优秀传统文化，发展他们的兴趣。"

经过10多年的改革创新，北京推动义务教育均衡发展形成了自身的特点。横向看，北京市充分发挥优质教育资源的示范、辐射和带动作用，鼓励、支持各区县通过学区制、名校办分校、集团或集群办学、合作办学、政府购买服务等多种模式，以强带弱、以城带乡，实现校际横向联合，扩大、重组优质教育资源。纵向看，优质教育资源搭建贯通立体网络，力推九年一贯、对口直升、初高中对接等实质性举措，实现学段贯通、课程贯通、资源贯通，提供在本区域9年乃至12年"连续消费"教育资源的优质供给服务。

北京市不断加强学前教育投入，不断提高普惠性幼儿园的比例。21世纪初期，"入园难"和"入园贵"成为社会普遍关注的民生热点问题。从2011年开始，北京市实施3期"学前教育三年行动计划"，坚持"市级统筹、区级主责，政府主导、社会参与，公益普惠、主体多元，灵活多样、就近就便"的原则，努力构建以公办幼儿园和普惠性民办幼儿园为主体、公办民办并举的多种形式的学前教育公共服务体系。

三、人民受教育程度大幅提升

中华人民共和国成立后，扫除文盲是北京市教育的重要工作之一。20世纪50年代，全市共有文盲、半文盲约75万人，主要集中在农村。到1990年底，北京基本上扫除了农村青壮年中有学习能力的文盲、半文盲，使农村191.47万青壮年中的文盲率降至0.02%，高标准、历史性地完成北京市扫除文盲的任务。[1]1993年10月，经过区县

---

[1] 北京市地方志编纂委员会编：《北京志·教育卷·成人教育志》，北京：北京出版社，2001年版，第224—226页。

自查、北京市检查、国家教委"两基"评估验收，北京市18个区县基本达到国家教委和本市规定的"普九"各项指标，全市实现普及九年制义务教育。1994年10月，九年制义务教育工作进入"巩固、充实、提高"阶段。同年，北京市委、市政府提出到20世纪末"基本普及高中阶段教育"目标。从1994年起，北京市连续10年扩大普通高中招生数。到2000年，北京市初中毕业生升学率提高到94.83%，基本普及高中阶段教育。[①]2015年，北京义务教育均衡发展整体通过国家验收。

中华人民共和国成立之前，北京的幼儿园很少，能上得起幼儿园的家庭也很少。1948年10月，200万人口的北平共有5所市立幼稚园、10所私立幼稚园和2所国立幼稚园；在园幼儿2403人，教职工106人。[②]中华人民共和国成立70多年来，北京的学前教育取得了重大进步。学前教育由稀缺资源逐步迈向公益普惠的发展道路。从1949年到2019年，在园幼儿从2321人发展到46.76万人。截至2019年底，北京市共有幼儿园1733所，幼儿园教职工近8万人。在保障政策上，按照"三统一"原则，对执行政府限价的普惠幼儿园，不分公办、民办，提供财政补贴扶持。2019年，北京扩增学前学位3万个，695所幼儿园享受普惠性补贴，受益幼儿约18万人。2020年，北京新增学前教育学位3万个，实现全市适龄儿童入园率达85%以上，普惠性幼儿园覆盖率（公办幼儿园和普惠性民办幼儿园在园幼儿数占在园幼儿总数的比例）达到80%以上。

以1977年恢复高考招生制度为标志，首都高等教育重新步入正轨，开始全面恢复和稳步发展。改革开放以来，北京市高层次人才培养机构不断增加。2019年，北京市的研究生培养机构、普通高等学校分别达到147个和93个。此外，还建成昌平、良乡等大型教育园

---

① 北京教育志编纂委员会办公室编：《北京市基础教育志稿》，北京：方志出版社，2016年版，第16页。

② 北京市地方志编纂委员会编：《北京志·教育卷·基础教育志》，北京：北京出版社，2014年版，第82页。

区。北京的学生可以选择的高校越来越多，可以选择的专业也越来越丰富。

中华人民共和国成立70多年来，北京的教育事业成绩斐然。首先是教育规模持续扩大。2019年，北京市有普通高等学校93所，普通本专科、研究生在校生合计92.77万人；普通中学654所，在校学生46.16万人；小学941所，在校学生94.16万人。其次是师资力量不断壮大。2019年，全市各级各类学校教职工总数为39.44万人，其中专任教师24.82万人，包括高等教育中的专任教师7.12万人，中等教育中的专任教师7.89万人，小学教育中的专任教师5.58万人，学前教育中的专任教师4.12万人。再次是居民受教育程度大幅提升。人口普查数据显示，平均受教育年限由1964年的5.3年提高到2010年的11.5年。2019年，北京市6岁及以上人口中，大学专科及以上学历人口比重为39.28%。

第二节 教育资源更加优质均衡丰富

教育是最基本的公共产品，承载着人民群众对未来美好生活的向往。北京的教育改革始终坚持人民立场，聚焦百姓的实际需求和获得，从优化供给侧结构发力，全面深化综合改革，多措并举，立体推进，着力打造优质、均衡、丰富的北京教育新地图。

一、教育资源质量不断提升

北京市坚持落实立德树人的根本任务，全面实施和发展素质教育。北京市以"翱翔计划""雏鹰计划"等项目为依托，探索建立培养创新人才的长效机制。2008年3月，北京市教委正式成立北京青少年科技创新学院并启动"翱翔计划"，开始在普通高中阶段进行拔尖创新人才的培养实验。这项计划以普通高中课程改革为依托，通过在科学研究过程中的熏陶，激发学生对科学的兴趣，培养学生的科学态度、科学素养。2010年1月，北京市教委在义务教育阶段启动"雏鹰计划"。该计划实施后，国家实验室、博物馆、植物园等校外资源单位免费向学校开放，学生可利用这些机构提供的科技资源开展资料收集、专题研究等活动。10余年来，"翱翔计划"培养了2600多名学员，征集了7万多条雏鹰建言，带动10多万人次参与创新实践活动，大幅度提升了中小学生的实践与创新能力。

为加强理想信念教育、爱国主义教育和革命传统教育，引导学生牢固树立道路自信、理论自信、制度自信、文化自信，2014年，北京市教委在社会大课堂的工作基础上，启动"四个一"活动，即走进一次国家博物馆、首都博物馆和中国人民抗日战争纪念馆和参加一次天安门升旗仪式，以此推动社会主义核心价值观教育落细、落小、落实。截至2019年底，"四个一"活动已惠及全市40万学生，146万人次参加活动。

在劳动教育方面，北京市已经走在前面。2018年9月，习近平总书记在全国教育大会上明确提出将劳动教育纳入社会主义建设者和接班人的总体要求，必须构建大中小学劳动教育体系，全面落实党的教育方针。2020年3月，中共中央、国务院发布《关于全面加强新时代大中小学劳动教育的意见》，明确提出"让学生切实经历动手实践，出力流汗，接受锻炼，磨炼意志"，要求"把劳动教育纳入人才培养全过程，贯通大中小学各学段，贯穿家庭、学校、社会各方面"。2015年，北京市教委出台《关于加强中小学劳动教育的实施意见》，经过多年的探索，逐渐形成"三注重"的劳动教育特色——注重课程化实施，劳动课程有效落实；注重劳动实践体验，强调让学生"真实劳动"；注重形成合力，丰富劳动教育载体。

北京市以筹办冬奥会为契机，广泛开展学生冰雪运动普及推广。截至2019年底，北京市已命名113所"冰雪特色校"和107所"奥林匹克教育示范校"，以此推动校园冰雪运动和奥林匹克教育的普及发展，营造举办北京2022年冬奥会的社会氛围，激励青少年学生积极参与冰雪运动、传承奥林匹克精神的热情，带动全市中小学校强化体育课和课外锻炼，提高青少年体质和健康水平。

在高等教育领域，北京市支持高校分层次开展本科教学改革创新实践，提升高等教育发展水平。近年来，北京持续实施高水平人才交叉培养计划，推进市属高校和中央高校、国外高校及企事业单位共享优质资源，联合培养人才。2018年，北京市教委与入选国家"双一流"建设的31所中央高校签订任务书，拨付建设资金13亿元；面向在京高校布局建设99个"高精尖"学科；推动20所市属高校优势学科与12所中央高校一流学科开展结对共建工作，正式签约共建28个学科；遴选支持130余个市属高校优势专业申报国家级"一流专业"，重点支持140余个北京地区高校优势专业建设成为北京市级"一流专业"。

在职业教育领域，北京市深化职业教育综合改革，着力提高技术技能人才培养水平，为首都经济社会发展、产业转型升级和京津冀协同发展提供有力的人才支撑。北京市大幅压缩中等职业教育规模，稳定高等职业教育规模，积极发展本科及以上层次职业教育，引导不符合首都功能定位的学校转型、调整或退出。同时，北京鼓励各类职业院校与行业、企业合作举办企业大学或特色学院，在重点发展的行业或区域组建职业教育集团，促进产教融合。

二、区域城乡教育均衡发展

均衡发展是义务教育的战略性任务，是义务教育的重中之重。进入21世纪之后，北京教育在现代化和全球化浪潮中发生着深刻变化，人们的教育观念日益复杂和多样化，教育质量和教育公平成了人们普遍关注的社会问题。从2001年开始，北京市义务教育工作重心转向促进城乡、区域和校际均衡发展，为市民提供优质均衡教育。北京义务教育均衡发展的工作重点是推进"四个倾斜"：解决城乡教育均衡要向农村倾斜；解决区域教育均衡要向不发达地区倾斜；解决区域内教育均衡要向基础薄弱学校倾斜；解决教育对象受教育均衡要向弱势群体倾斜。

2014年7月，家住北京市朝阳区的孙先生得知孩子可以升入陈经纶中学读书，喜出望外："我的孩子成绩一般，对于她上哪所学校全家人都心态平和，也没找过关系，没想孩子被随机派位到陈经纶中学，太棒了！"孙先生的喜悦得益于就近划片入学政策。[①]

从2014年开始，北京市在义务教育阶段开始推行"免试、就近"入学政策，取消共建入学方式，进一步规范特长生入学，实行计划管理。北京市教委要求杜绝违规操作：坚决禁止公办学校单独或与社会培训机构联合或委托举办各类以选拔生源为目的的培训班；坚决禁止学校私自招生；坚决禁止在义务教育阶段入学工作中组织任何形式的考试、测试和面试选拔学生，严禁将各种竞赛成绩、奖励证书作为入学依据；坚决禁止初中学校违规在小学非毕业年级提前招生。

---

① 赵婀娜：《义务教育均衡 且看北京样本》，《人民日报》，2015年4月28日，第16版。

统筹配置义务教育资源，向农村学校和薄弱学校提供更多支持是北京推进义务教育均衡发展重要的手段之一。2005年至2009年实施的"北京市初中建设工程"，共投入专项经费107.3亿元，目的在于整体提升初中办学水平和教育质量，促进初中学校均衡发展。北京市重点帮助薄弱学校、郊区学校改善办学条件。2007年，市教委支持城八区和远郊地区各100所义务教育学校改善办学条件，投入改造专项经费3.87亿元，200所中小学全部达到新颁中小学办学条件标准。① 2008年，北京市教委完成农村寄宿制中小学改造任务。其中市级投入专项经费8000万元，为140所学校配备寄宿生活用车，完成40所学校食堂、40所学校浴室、100所学校活动室的改造任务，添置相关设备等。②

为促进农村学校发展，北京市接连出台政策，在高中招生、资源投入、对口支持方面持续发力。2016年，北京市教委、市人力社保局、市财政局联合印发《北京市支持乡村学校发展若干意见》，从20个方面支持乡村学校发展。依据意见，市级统筹项目招生政策向乡村初中学校倾斜。近年来，北京市加强普通高中教育资源的统筹规划和布局调整，扩大优质教育资源的覆盖程度，逐步满足人民群众日益增长的对于优质教育资源的需求，切实保障考试招生机会公平、程序公开、结果公正。2016年，北京市中考招生增加"校额到校"的招生方式，在推进教育公平、促进小升初就近入学方面发挥了重要作用。2018年，北京市将普通高中招生方式整合为统一招生、校额到校、自主招生3类。"校额到校"招生将全市优质高中50%以上的招生名额分配到一般初中学校，实现每所初中学校学生升入优质高中机会基本均等。"校额到校"招生采用校内选拔方式，依据初中学业水平考试成绩和综合素质评价录取。"校额到校"的录取方式使许多农村学

---

① 林业主编：《北京教育60年（1949～2009大事记）》，北京：北京工艺美术出版社，2009年版，第542页。

② 林业主编：《北京教育60年（1949～2009大事记）》，北京：北京工艺美术出版社，2009年版，第562页。

校、薄弱学校学生有了上重点中学的机会。

北京市将推进教育公平作为基本价值取向，加大政府统筹力度，盘活存量，扩大增量，通过"资源公平"与"机会公平"双轮驱动，推进义务教育优质均衡发展，积极回应群众"上好学"的需求。一是推进集团化办学和学区制改革，发挥现有优质教育资源的辐射带动作用，优化基础教育资源布局和结构。2019年，全市有各类教育集团158个、学区131个，2/3以上的中小学校纳入学区制管理。二是加强市级统筹，采取"市建共管""市建区办"方式在重点区域建设一批优质学校，完善城市公共服务功能。三是加强学段联动，发挥学段传导和杠杆作用，中招"市级统筹""校额到校"的实施大幅增加了一般初中学生升入优质高中机会。2019年，小学、初中就近入学率都达到99%以上。优质均衡的"北京教育新地图"初步形成，人民群众教育的实际获得感明显提升。

三、教育服务供给日益丰富

随着首都经济社会的快速发展和人民生活水平的日益提高，北京市居民的教育需求呈现出多样化、多层次、高质量、个性化等特征。近年来，北京加快转变由政府包办提供教育服务的单一标准化方式，采用政府购买服务、政府委托、市场公平竞争等方式，充分激励企业、社会组织、学校、个人等多元社会主体参与提供多样的优质教育服务。

民办教育是首都教育事业的有机组成部分，并在一定程度上满足了部分居民对多样化和个性化的教育需求。截至2019年底，北京市共有民办普通高校16所，当年毕业生1.6万人，招生1.6万人，在校生5.7万。有民办普通高中71所、中外合作办普通高中4所、民办中等职业教育19所、民办普通初中28所、民办小学53所、民办职业技术培训机构1104家。此外，还有民办幼儿园767所，2019年毕业4.1万人，招生6.4万人，在园学生总数17.3万人。尤其是在学前教育领域，民办学校发挥着重要功能。

21世纪以来，市场化的教育机构如同雨后春笋般成长起来，为数众多的民办国际学校、课后辅导机构、继续教育机构、职业技术培训机构为学生和市民提供了多层次、多方位、多样化的教育服务供给，满足了北京市民的多元化需要。在北京，如果你想提高某个学科的学业成绩，那么有很多高质量的辅导班和一对一家教供你选择；如果你想提高自己的学历，有几十所大学的成人教育课程供你选择；如果你想接受外国式的教育，有几十所国际学校供你选择。

随着互联网技术的迅猛发展，教育行业也打破传统时间与空间的束缚，开创网络在线直播教学的新模式。5G移动网络的推广和普及也利于在线学习模式的发展壮大，在运动、休息、通勤等场景中接受教育或主动学习正在成为现实。如果你想足不出户就收获知识、提升学历，那么你可以选择网络远程教育，在线学习和参加考试。如果你想免费提升自己的知识能力，或者发展绘画、朗诵、舞蹈、健身、书法等业余爱好，你可以在手机上下载App，加入网络上的学习社群。在这些免费的学习社群中，有热心的专业人士免费教学，而且会有许多志趣相投的人与你一起学习，大家相互点赞、相互激励，你会同时收获知识与友谊。

除此之外，北京众多的博物馆、公共图书馆、群众艺术馆和文化馆、档案馆也为人们自我学习提供了实地的学习资源和条件。截至2019年底，北京市共有博物馆183个，文物藏品463万件；公共图书馆24个，总藏书7048万册；群众艺术馆和文化馆20个，2019年组织文艺活动3182次；此外还有档案馆18个。事实上，这些公共文化资源已经成为北京市民学习和增长见识的最佳选择。

在2020年抗击新冠肺炎疫情期间，北京市教委统筹组织特级教师和各学科优秀教师，按照"健康第一、面向全体、五育并举、自主学习、家校协同"的原则，在较短时间内研发了丰富的网络教育资源，供中小学学生居家学习使用。各区教委和各学校结合实际精心组织，为学生提供了丰富的区级、校级线上课程和服务。在疫情期间，中小学校特别注重将线上直播课、点播课、教师答疑、个别辅导和线下学生自主学习、阅读、探究、锻炼和家务劳动充分结合起来。由政府统筹引导的"互联网+教育"的融合使北京的学生顺利平稳地度过了居家学习阶段。

第三节　迈入新时代的学习型社会

党的十六大报告提出"形成全民学习、终身学习的学习型社会，促进人的全面发展"的全面建设小康社会的奋斗目标。2015年5月，习近平在致国际教育信息化大会的贺信中指出："当今世界，科技进步日新月异，互联网、云计算、大数据等现代信息技术深刻改变着人类的思维、生产、生活、学习方式，深刻展示了世界发展的前景。因应信息技术的发展，推动教育变革和创新，构建网络化、数字化、个性化、终身化的教育体系，建设'人人皆学、处处能学、时时可学'的学习型社会，培养大批创新人才，是人类共同面临的重大课题。"

一、终身学习成为生活方式

近几十年，伴随着经济全球化和科学技术的迅猛发展，终身学习作为一种新观念，已经迅速在中国社会扎根生长，成为很多人的价值信念。终身学习具有自主性、开放性、社会性和多样性的特点。当今时代，知识更新速度不断加快，知识总量不断增大，社会分工愈益精细化，新技术、新模式、新业态层出不穷。人们意识到学习不是一次完成的，而是要贯穿人的一生，正所谓"活到老，学到老"。在终身学习理念影响下，从21世纪初开始，一场新的学习革命已在北京悄然兴起，在影响北京经济与社会发展的同时，也影响着人们生活、学习、工作的方式，推动着北京向学习型城市发展。

北京作为全国的首善之区，学习资源丰厚、学习氛围浓厚、创新活力十足，这是北京迈向学习型社会的有利条件。根据一项抽样调查，2018年，北京市常住人口中有近1/5的人为大学本科毕业，约5%的人受过研究生教育。2019年，北京市普通高等学校本专科在校学生共有58.59万人，硕士、博士研究生在校学生数为36.06万人。青年学生群体崇尚知识、热爱学习，北京数量庞大的大学生和研究生人群是北京学习型城市建设的领跑者和主力军。

终身学习是很多职业工作者获得专业知识、提升专业技术能力、谋取更好工作岗位的重要手段。2019年，北京市参加职业技术培训的学生总数为272.9万人，同年结业学生数为242.3万人。在结业学生中，有20.67万人参加的是资格证书培训，21.36万人参加的是岗位证书培训。自觉、主动参加职业教育培训、提高职业选择能力已经是北京教育生活的一个重要方面。

　　伴随着经济社会的转型发展，越来越多的北京人拥有了比以往更多的可供自由支配的时间，生活水平的提高也使人们更看重生活品质和内涵。休闲时间的增多以及希望提高自身生活质量的需求，又促使人们更加关注学习和依赖学习。在当代社会中，人们只有不断学习，才能提高自身的文化素质和生活品质。因此，终身学习成了很多北京人的第一需要。

　　终身学习成为一种生活方式，表现在儿童对自己兴趣、爱好的主动投入和认真钻研上。每逢周末或寒暑假，许多儿童参加各种兴趣爱好的培训班。从小为孩子培养1～2个兴趣爱好，为孩子今后幸福人生奠基，已经成为无数北京年轻家长的热切期盼。最为重要的是，儿童还能从这些兴趣小组的学习中获得快乐的体验，与学校的学习生活形成互补。2019年，北京市的少年宫、少年科技馆、少年之家、少年活动站共有58个，在这些机构参加活动的儿童有51.59万人。

　　终身学习成为一种生活方式，还特别突出地体现在老年人的社区文化生活上。积极主动地到社区学校参加学习已经成为北京老人的一种常态。东城区建国门街道老年学校成立于1987年，当时只有一间简陋的教室，仅有一个专业，寥寥十几名学员。现在，该校有山水画、花鸟画、书法、篆刻、诗词等专业设置，在校学员130余人。此外，学校还有一个由合唱队、舞蹈队、模特队组建的"夕阳红艺术团"。朝阳区潘家园街道老年大学已有20多年历史。从2016年开始，它被纳入朝阳区教委老年大学分校。目前潘家园街道老年大学已拥有9个专业28个班，每期学员700余名。任课教师名单中不乏中国书法家协会会员、中国琴会理事、国家一级美术师等业界名家。每到报名季，就有不少老人凌晨赶来排队。这两个学校是北京老年人学习生活的一个缩影。简而言之，越来越多的北京老人在学习中收获快乐，享受生活。

二、终身教育体系不断完善

2001年，北京市提出建设学习型城市的目标。2007年4月，北京市委、市政府召开北京市建设学习型城市工作会议，提出以现代终身教育体系和各类学习型组织为基础的"学习之都"的建设目标。在组织上，北京市成立由29个委办局和部门组成的建设学习型城市工作领导小组，明确各成员单位职责分工，并健全市、区、街三级网络管理机制。为了建立灵活开放的终身教育体系，北京市统筹各级各类教育发展，促进学历教育与非学历教育协调发展、职业教育与普通教育相互沟通、职前教育和职后教育有效衔接。

建立灵活开放的终身教育体系，不仅是满足广大社会成员更新知识、提高能力和全面发展的需要，也是建设先进的学习型城市的重要途径。近20年来，北京市持续推动社区教育、老年教育、职工教育、新型职业农民教育、家庭教育与家风建设的发展，促进首都各类学习型组织建设，构建服务全民终身学习的教育体系，走出一条极具首都特色的学习型城市建设之路。

北京市依托高等院校、科研院所、大型企业建立专业技术人员继续教育基地，定期开展专业技术人员继续教育；重视发展社区教育，健全社区教育体制，依托社区教育培训机构面向广大社区居民开展形式多样、内容丰富的教育培训；鼓励各类学校、图书馆、博物馆、科技馆、美术馆等社会文化教育机构面向广大市民开展多形式、多内容的社会教育。

在建设学习型城市中，北京市持续加大力度建设北京开放大学。北京开放大学以"服务终身学习、引领开放教育、成人学习之美、助力职业发展"为办学使命，通过教育与技术的深度融合，会聚首都名师，努力建设开放、智能的学习平台。目前在全市16个区、部分行业系统及中央在京单位设有50余个基层教学单位。它承担着服务首都市民终身学习的重要任务，承担着北京市民终身学习远程服务中心和北京学习型城市网站的建设任务，在学习型城市建设中发挥着重要作用。

近些年，北京市不断探索试行普通高等学校、高等职业院校、成人高等学校之间学分转换，建立"学分银行""市民终身学习卡"等终身学习制度，拓宽终身学习通道。同时，北京还制定非学历教育资格标准，依托"学分银行"平台，打通学历、非学历、职业资格证书之间的转换通道，实现学分互认。

三、学习服务平台日益多样

进入21世纪以来，北京市不断整合教育、文化、科技、体育等现有优质资源，努力建设覆盖全市的终身学习网络和区域性学习中心，为市民提供多种学习服务平台。同时，积极宣传改革开放以来的继续教育、终身教育、学习型城市建设取得的成就，充分展示全体市民学习成果。

（一）线上教育和线上学习蓬勃发展

网络和信息技术的快速发展为人们终身学习和随时、随地学习提供了可能，互联网上丰富的教育资源为人们终身学习提供了现实的条件，人工智能成为人们终身学习的有力助手，信息技术与终身学习深度融合呈现出双向互动新趋势，也在推动教育和学习的转型升级。信息技术推动互联网和教育行业持续深度融合，增加了教育资源有效供给，满足了社会多样化、个性化的学习需求。北京为数众多的高等教育机构开通了线上教育渠道，为各种群体参加学历教育和非学历教育提供了方便的条件。2019年，在北京高等教育中，通过网络学习的本科、专科生合计107.25万人。与此同时，数量庞大的民办教育机构开办了许多线上学习服务项目，服务内容从学科辅导到专业技能培训，几乎无所不包；服务对象从幼儿群体到老年群体，几乎全部覆盖。在2020年抗击新冠肺炎疫情期间，北京数字学校在提供中小学直播课程方面做出了突出贡献，几十万名中小学生通过"空中课堂"完成了学业。

（二）充分发挥社区学院的功能

北京的社区学院在发展成人高等教育和各种非学历培训，建设终身学习平台，培训社区教育工作者，指导街道、乡镇、社区教育工作的开展等方面发挥着不可替代的重要作用。例如，北京市朝阳社区学院建立于1999年9月，是在朝阳区职工大学的基础上整合北京市广播电视大学朝阳分校和朝阳师范学校的教育资源成立的本市首家社区学院。在学历教育方面，朝阳社区学院现开设经济类、艺术类、计算机类、外语类等30多个专业，在籍生约4000人。非学历教育培训围绕"服务朝阳发展、惠及百姓民生"的目标，整合资源、拓展项目，为相关部门、行业、社会提供各种职业资格认证，岗位能力提升培训服务。每年培训班次近百个，年培训约10万人次。在北京，类似的社区学院有10多所，它们为市民提供了多样化的学习服务。

（三）"全民终身学习活动周"和"书香中国·北京阅读季"

从2005年开始，北京市每年都举办形式多样、内容丰富的终身学习活动周、读书节等活动，参与群众数百万人次。2005年10月，北京首届"全民终身学习活动周"在北京西城区德胜社区教育学校拉开序幕，活动主题为"全民学习、终身学习、造就人生、振兴中华"。2005年，北京市西城区7个街道和195个居民委员会组织英语、书法绘画、法制宣传、健康知识、舞蹈音乐等教育培训活动689场，有5万余名群众参加活动。①至2019年底，全民终身学习活动周在北京已经连续举办15届。近年来，北京市通过多种举措推出终身学习的带头人和指导师。截至2019年底，北京市教委已经认定10批"首都市

---

① 谢国东：《"全民终身学习活动周"的现实意义》，《高等函授学报（哲学社会科学版）》，2007年第5期。

民学习之星"，这些"学习之星"崇尚学习，践行终身学习理念，弘扬工匠精神，在各行各业发挥着榜样的作用。"书香中国·北京阅读季"活动由国家新闻出版署和北京市人民政府主办，通过搭建全民阅读平台和评选"书香之家"和"书香社区"，致力于营造"爱读书、读好书、善读书"的城市阅读氛围，引领阅读时尚。截至2020年底，"书香中国·北京阅读季"已经连续举办10届。

（四）市民终身学习示范基地

近年来，北京已经建成一批有特色、受社区群众欢迎的"市民终身学习示范基地"，通过发挥学习示范基地的引领作用，带动市民终身学习。2017年，北京在全市范围开展了首批"北京市民终身学习示范基地"认定工作，东城区职业大学、故宫博物院、北京孔庙和国子监博物馆、北京天文馆等34家单位成为首批"北京市民终身学习示范基地"。2018年，又有30所学校、单位被认定为市民终身学习示范基地。2019年，北京市教委认定了第三批35个"北京市民终身学习示范基地"，同时还认定了14个"北京市职工继续教育基地"和18个"北京市新型职业农民培训基地"。北京市政府依托这些社会化学习基地和服务网络，努力为市民提供多次教育和学习的机会，满足市民多样化的发展需求。

（五）老年开放大学

服务于老年人的开放大学是北京终身教育体系的重要一环，也是学习型城市建设水平的重要标志。建设老年大学，丰富老年人的精神文化生活，使老年人老有所教、老有所学、老有所为，增强老年人的价值感、获得感和幸福感，一直是北京市学习型城市建设的重要内容。北京市在社区学院（成人教育中心、社区教育中心）建立区域老年大学，街道乡镇成人教育学校加挂老年教育学校（点）的牌子，创造条件吸引各类社会资源进驻社区。同时依托北京开放大学建立北京老年开放大学，为全市各类老年教育服务机构提供课程标准、师资培训、资源开发等服务。在老年大学，除了坐在课堂上听讲，广播、电视、电脑、手机、VR设备、智能机器人、电子宣传屏等多种终端都成为学习终端。老年教育立体化课程资源库建成后，300门老年教育示范性课程"上线"，老年人可以享受就近、便捷的教育服务。[①]

① 《"老年学校"将覆盖社区村庄》，《北京日报》，2019年2月14日，第5版。

第四章

保障不断完善的健康生活

中华人民共和国成立70多年来，人民群众经历了新中国成立之初的缺医少药，以及此后的"看病难""看病贵"等问题，逐步过上健康的新生活。特别是党的十八大以来，随着首都医疗事业的不断创新发展，逐步构建起优质高效的医疗卫生服务体系、多层次的医疗保障体系以及全生命周期的健康服务体系，北京居民的健康生活越来越有保障，健康生活理念深入人心，健康生活方式走入寻常百姓家。

第一节 "大健康"走进百姓生活

中华人民共和国成立 70 多年来，北京市通过不断发展公共卫生事业引导居民养成良好的生活习惯、健康的生活理念，进而提高健康水平，减少因疾病给个人和社会造成的负担，提升健康生活的质量。经过多年发展，北京居民健康水平和健康意识显著提高，"大健康"逐步走进百姓生活。

一、健康生活方式走进寻常百姓家

（一）居民健康水平持续向好

随着公共卫生服务均等化发展，北京居民所享受的健康保障、健康环境、健康服务逐步优化，健康水平不断提升。2019 年，北京市人均期望寿命 82.31 岁，比"十二五"末的 81.95 岁增加 0.36 岁；孕产妇死亡率 4.12/10 万，婴儿死亡率 0.199‰，居民健康素养水平达到 32.3%，健康指标继续保持全国领先，达到世界发达国家水平。

根据北京市卫生健康委发布的《北京市 2018 年度卫生与人群健康状况报告》，2018 年，30~70 岁居民主要慢病早死概率为 10.7%，比 2014 年下降 3.6%，比 2010 年下降 16.4%，该指标已处于高收入国家水平。孕产妇死亡率为 10.64/10 万，比 5 年前（2014 年）上升 47.2%，比 10 年前（2009 年）下降了 26.9%；婴儿死亡率为 2.01‰，比 5 年前下降 13.7%，比 10 年前（2009 年）下降 42.4%。甲乙类传染性疾病发病率下降明显。近年来，北京市传染病总体发病率虽有波动仍维持在较低水平。2018 年甲乙类传染病报告发病率为 131.5/10 万，比 5 年前下降 20.5%，比 10 年前下降 61.3%。

（二）居民健康素养水平不断提升

健康素养是指个人获取、理解基本健康信息和服务，并运用这些信息和服务做出正确抉择，以维护和促进自身健康的能力，包括基本知识和理念、基本健康技能和健康生活方式与行为3个方面。北京市城乡居民健康素养监测结果显示，2018年，北京市居民健康素养水平为32.3%，较2015年的28.0%增长4.3个百分点，较2012年24.7%增长7.6个百分点。2015年至2018年，年平均增幅达到1.4个百分点，高于2012年至2015年平均增长水平（1.1个百分点）。其中，2018年北京市城乡居民健康基本知识和理念素养为47.0%，基本健康技能素养为39.5%，健康生活方式与行为素养为31.7%。与2015年相比，基本知识和理念素养水平提高了14.9个百分点，健康生活方式与行为素养水平提高了6.9个百分点，基本健康技能素养持平。2018年，北京市城市居民健康素养水平为33.8%，农村居民为23.3%，与2015年相比均提高了约4.3个百分点。①

（三）全生命周期健康理念深入人心

中华人民共和国成立初期，北京市民大多保持传统的"治病就医"健康理念，满足于生病后获得一定的医疗救治。随着经济社会的发展，公众的期盼已从"讲卫生"发展为追求"更健康"。改革开放40多年来，人民群众逐步形成"生得优、活得长、病得晚、走得安"的全生命周期健康目标，健康观念总体由"治已病"转变为"治未病"。市民的健康教育、母婴护理、健康体检、亚健康管理、医疗救治、康复护理、老年颐养等健康服务需求也在不断提升。2003年，非典疫情暴发，北京市民预防疾病的健康意识继续增强。2008年北京奥运会的举办使市民的健康意识进一步提升，健康生活方式逐步养成。此后，北京市提出将北京建设成为拥有一流"健康环境、健康人群、健康服务"的国际化大都市，建设成为健康中国首善之区。在国家的倡导下和北京市相关政策措施的引导下，北京市民的健康生活走进新时代，全生命周期健康理念不断深入人心，《健康北京》品牌栏

---

① 《北京居民健康素养达到32.3%》，《北京晚报》，2019年3月22日。

目逐渐覆盖市级主流媒体，人民更加追求健康生活，预防和保健成为新的健康理念，城镇居民人均医疗保健支出由2000年的不足700元增加到2018年的3476元。

二、"健康北京"引领新生活

（一）北京奥运普及健康生活理念

2008年北京奥运会的举办为普及健康生活理念提供了契机，"健康奥运 健康北京——全民健康活动"深入开展，北京市民的健康意识明显增强，健康生活方式逐步养成。[①]同时，为将2008年北京奥运会的遗产社会化、全民化，国务院批准将每年的8月8日定为"全民健身日"。"发展体育事业，推广全民健身，增强人民体质"的十八字方针深入人心，成为北京市民发自内心的切身需求。随着北京成功申办第24届冬奥会，新时代的全民健身也被赋予了新的内涵，蕴含着健康、积极生活理念的奥林匹克精神得以在北京市广泛传播。冬季运动的开展为全民健身注入了新活力，引导北京市居民参与健身、科学健身也成为新时代全民健身发展的新方向。全民健身理念深入人心，健康运动日益融入日常生活，"我运动、我健康、我快乐"成为北京市民享受美好生活的主要构成部分。[②]

以前，北京市居民的健身方式主要是跑步、游泳，近几年，骑行、瑜伽、健身操等逐渐流行起来，后来又有了智能化运动腕表等精良的健身装备，健身热带动了越来越多的人，健身内容、方式也更为多元化。即便是在2020年疫情严重、健身场所集体停业的特殊时期，北京市居民的锻炼热情依然高涨，采取户外跑步与居家练瑜伽、健身操等相结合，线上运动与线下运动相结合的运动方式来保持运动习

---

① 中共北京市委党史研究室：《中国改革开放全景录（北京卷）》，人民出版社，2018年版，第327页。

② 杨磊、杨乔栋、赵欣悦：《从夏奥到冬奥，全民健身新时代融入新内涵》，人民网，2018年8月8日。

惯和健康生活。截至2019年底，北京市经常参加体育锻炼人口比例达到49.8%。

（二）"健康北京"开创健康生活新时代

党的十八大以来，北京市落实健康中国战略，围绕建设国际一流的和谐宜居之都总目标，把维护人民健康权益放在重要位置，建立起全生命周期的健康服务体系，全面推进健康北京建设。通过健康知识普及、合理膳食、控烟、健身、保护牙齿、保护视力、知己健康、恶性肿瘤防治以及母婴健康等九大健康行动，在北京市民中掀起"人人参与健康北京建设，人人共享健康北京建设成果"的热潮。

近年来，北京市民拥有越来越健康的饮食习惯、生活习惯、健身习惯，以及越来越有利于健康的生活环境与生活条件。据统计，截至2019年底，北京市各类体育场地总面积5021.08万平方米，人均体育场地面积达到2.32平方米，实现体育设施建设全覆盖，健身步道长达1001.90公里；成人吸烟率降至20.3%，吸烟人群比2014年减少55.5万。同时，健康生活得以保障的城市环境持续向好，2019年，北京市PM2.5年均浓度42微克/立方米，创下了自2013年监测以来的最低值；绿化面积1600公顷，公园绿地500米服务半径覆盖率达83%；单位地区生产总值生产安全事故死亡率为0.0127人/亿元；重点食品安全抽检合格率达98.5%以上。

（三）多元化健康产业助力健康生活

在新时代，健康北京倡导逐步建立从怀孕到出生、成长、死亡全生命周期的健康管理和服务体系，提高服务质量和水平，健康服务已成为关系到国计民生、未来社会整体幸福指数的重要产业领域。北京市不断推动多元化社会办医，健康产业创新发展，加快健康产业与体育、旅游和文化等其他产业融合发展。一方面，医疗卫生资源配置不断优化，医疗卫生服务供给模式不断完善，医疗服务水平和质量不断提升，中医药服务能力不断提高；另一方面，通过发展多元化健康产业与提升服务保障，使百姓全生命周期健康生活得以实现，涵盖医药、医疗器械、医疗服务、养老、健康保险等诸多领域。

截至 2018 年底，北京市共有社会办医疗机构 5097 家，占全市医疗机构的 46.6%；共有社会办医院 495 家，占全市医院数量的 68.4%；社会办医疗机构拥有卫生技术人员 6.5 万人，占全市医疗机构卫生技术人员的 26.3%；社会办医疗机构实有床位数 27921 张。医药健康产业已成为符合北京"全国科技创新中心"目标定位、具备"高精尖"特征、支撑高质量发展的战略性新兴产业。多元化健康产业的发展，为北京市民的健康生活提供了更有力的支撑。

三、"上工治未病"营造健康生活

（一）"治未病"的预防保健网不断完善

疾病，预防为先，以保障人民生命健康，营造健康生活。而预防保健网是"治未病"的第一道防线。中华人民共和国成立前，北京市居民前 5 位死因中，传染病占 29.9%。中华人民共和国成立初期，北京市非常重视基层公共卫生服务的发展，建立了城乡三级医疗预防保健网，传染病防控能力逐步提升，使北京市居民健康生活得以保障。1950 年，北京市已消灭了鼠疫、天花、古典型霍乱三大烈性传染病；20 世纪五六十年代成功遏制了菌痢、麻疹、流感、伤寒、肝炎等传染病高发流行；自 1984 年以来无脊髓灰质炎野毒感染病例发生；1996 年以来无白喉病例发生。北京市在全国率先完成国家致病菌识别网全覆盖，24 小时实时监测传染病，有效应对了 2003 年非典、2009 年甲型 H1N1 流感、2013 年人感染 H7N9 禽流感等疫情，防范了中东呼吸综合征、埃博拉出血热等国外新发传染病的输入。在全国率先将乙肝、麻风腮、脊灰灭活等疫苗纳入免疫规划，2007 年起免费为 60 岁以上老人及在校中小学生接种流感疫苗，2018 年起免费为 65 岁以上老人接种 23 价肺炎球菌多糖疫苗，免疫规划疫苗接种率在 99% 以上。

在 2020 年应对新冠肺炎疫情的过程中，北京市坚决落实常态化防控机制不放松，坚持"外防输入、内防扩散"、"防漏洞、防松劲、防反弹"、"早发现、早报告、早隔离、早治疗"以及"九严格"措施，确保"及时发现、快速处置、精准管控、有效救治"。广大市民普遍提升了"戴口罩、勤洗手、不聚集、常通风"的防护意识。适应疫情防控常态化要求的公共卫生制度体系更加完备，公共卫生应急能力明显提升，重大疫情防控救治能力进一步增强。传染病报告、症状监测系统已经覆盖全市600余家医疗机构，已将7个交通枢纽和1014家药店作为监测哨点，冷链食品、生产经营环境及从业人员常态化监测机制更加完善；全市组建了3600人的流行病学调查队伍，实行7×24小时应急值守，24小时内调查完毕；全市核酸检测机构增至241家，日检测能力达到73.8万份；院前医疗急救体系逐步优化，突发事件紧急救援联动和救护车快速通行保障机制基本建成。

（二）"治未病工程"撑起市民健康保护伞

"治未病"最早源于《黄帝内经》所说："上工治未病，不治已病，此之谓也。""治未病"即采取相应的措施，防止疾病的发生发展，其在中医中的主要思想是未病先防和既病防变。北京市2017年启动"中医药治未病健康促进工程"，为慢病患者等重点人群提供中医操法推广、食疗方推广、中医心理调节等药物和非药物疗法，从预防角度关注居民健康。不断推广"治未病"服务，把"治未病"理念融入生命全周期，将饮食调养法、心神调养法、修身健体法、非药物疗法四法合一。

2019年，"中医药治未病健康促进工程"进行了2.0模式升级，将药食同源（饮食调节）法、情志调养（心理干预）法、医体结合法、非药物疗法有机结合，搭建"治未病"网络平台、培育"治未病"服务团队、建设"治未病"科普知识库、完善"治未病"组织机制。北京市已经在336个社区卫生服务中心（乡镇卫生院）建立中医馆，综合使用多种中医药技术方法服务群众。组建由2000余名中医专家组成的团队为近200个乡村、社区的近200万居民提供中医药健康服务。374个名中医团队每周到全市333个社区卫生服务中心（乡镇卫生院）坐诊，推动优质资源下沉基层，服务百姓。在专业指导下，北京市民可以通过饮食起居、情志调理、运动疗法及中草药等多种措施，调养体质，增强身体抗病能力，实现少生病、不生病，纵使得病也能尽快痊愈，而且痊愈后少复发。

（三）爱国卫生运动倡导健康新生活

爱国卫生运动是新中国在公共卫生事业方面的一项创举，反映了中国卫生工作的鲜明特色，不仅使爱国卫生运动促卫生理念根植人心，受到全国上下的拥护和参与，而且收获了国际赞誉。爱国卫生运动不只是一项传统，也成为北京市公共卫生体系的重要组成部分，在保障市民健康方面发挥着重要作用。

中华人民共和国成立后，北京市动员全市人民消灭蚊蝇，搞好环境卫生和饮食卫生，严格井下消毒，消除垃圾粪便和抓好街道清扫保洁。在全国率先开展了90%以上居民参与的大扫除活动，广泛发动群众在全市开展以"除四害"（老鼠、苍蝇、蚊子、麻雀，麻雀后改为臭虫）、讲卫生、消灭传染病为中心的爱国卫生运动。此后又开展了改水改厕、健康促进、评选"卫生之家"、开展"城市清洁日"等活动。进入21世纪，爱国卫生运动更加关注人的健康，并逐渐与传染病防治有机结合起来，成为减少疾病流行的有效手段。2003年，为抗击非典病源传播，北京市开展了群众性打扫卫生活动。2008年，针对手足口病防治工作，推动广泛开展爱国卫生运动，加大环境卫生整治力度，清理病媒生物的滋生环境，引导人们养成良好的生活习惯。[1]新冠肺炎疫情发生以来，爱国卫生运动在抗击疫情、维护人民群众生命安全和身体健康方面发挥了重要作用。2020年，北京市深入开展新时代爱国卫生运动，继续发挥爱国卫生运动优良传统，助力北京疫情防控、推进健康北京建设。

---

① 贾晓燕：《北京：爱国卫生，从运动到习惯》，北京日报，2020年4月9日。

第二节　在改革中破解"看病难""看病贵"

寻医问药是百姓生活的组成部分，也是健康生活的基本保障。然而，北京百姓的健康生活在不同的历史时期出现不同程度的"看病难""看病贵"的问题。破解"看病难""看病贵"，成为夯实人民健康基础的关键。北京市医药卫生系统亦将此作为体制改革的重要目标，进行了很多有益的探索，采取了很多创新举措，使百姓"看病难""看病贵"问题逐步得到缓解。特别是随着医疗卫生服务回归公益属性，医疗卫生服务逐渐均衡布局，使北京市民享受到了越来越及时、有效、合理的医疗卫生服务。

一、多种形式办医满足不同群体需求[①]

（一）多元化医疗卫生机构编织百姓健康保障网

中华人民共和国成立初期，北京市医疗卫生资源匮乏，百姓"看病难"问题较为突出。1949年1月北平解放时，全市仅有卫生机构61个，病床3001张，卫生技术人员4218人。为了保障北京百姓的基本看病需求，北京市重建医疗卫生系统，实行由国家、集体举办医疗事业为主，并允许个人开业和组建联合医疗机构的体制，不断提升医疗服务供给，满足老百姓的看病需求。随着同仁医院、友谊医院等综合医院以及儿童、结核病、精神病、妇产等专科医院新建与改建，妇幼保健院、儿童保健所、结核病防治所、药品检验所、防疫站等的建立，以及20世纪60年代末，各郊区（县）培训了大量的"赤脚医生"，在一定程度上增加了医疗机构服务供给及专业人员保障，缓解了当时城市和农村"看病难"的问题。

"文化大革命"期间，北京公共卫生事业发展缓慢，而老百姓对

---

①　本部分参考陆学艺主编：《北京社会建设60年》，科学出版社，2008年版。

于公共卫生服务的需求却加快增长。"文化大革命"之后，出现了"门诊、急诊、住院"紧张的现象。1977年底，全市需要住院的病人约27万人，实际收住病人19万人次，约有8万名病人住不进医院。为了解决这些问题，北京市实行多渠道、多层次、多形式发展卫生事业的方针，鼓励社会办医、私人开业和中外合资兴办医疗机构。特别是改革开放以后，不同群体对医疗卫生服务需求分化加快，医药卫生体制改革向市场化方向探索延伸，推行多种形式的承包责任制，开展有偿业余服务，积极发展卫生产业，促进城乡医疗卫生服务多元化供给。

2003年非典疫情暴发后，北京市医疗卫生机构开始重组、整合。初步形成高端医院与初级医院相结合，综合性医院与专科医院分工明确的医疗服务体系。鼓励社会资本和外资进入北京的卫生领域，社会办卫生机构得到较大的发展，医疗服务呈现多元化供给局面。2019年，全市医疗卫生机构11340所，比2015年增加915所，年均增长率超过2.1%。每千常住人口医疗卫生机构编制床位数从2015年的5.5张上升到2019年的6.2张。每千常住人口执业（助理）医师数由2015年的4.4人上升到2019年的5.4人，每千常住人口注册护士数由2015年的5.3人上升到2019年的6.1人。

（二）公共医疗卫生机构公益性筑牢百姓健康保障根基

20世纪80年代医药卫生系统推行的改革尽管在一定程度上激发了医疗机构的活力，促进了卫生事业的发展，缓解了百姓"看病难"的问题，但是也出现了一些新问题，如：很多医疗机构存在重经济效益而轻社会效益问题，不能因病施治、合理检查、适度开药，引起医疗费用不断上涨，人民群众看病贵的问题比较突出；公费医疗和劳保医疗经费增长过快，给国家财政以及企业带来很大的经济负担。因此，从20世纪80年代后期开始，北京市针对这些问题开展了治理整顿，推动公共医疗卫生服务逐步回归公益属性，并于2000年开始医疗机构分类管理改革，加快推进医疗机构内部机制改革，鼓励医疗机构之间的合作、合并，共建医院集团。此外，还大力开展社区医疗卫生服务，城市卫生服务体系由原来的三级医疗服务转变为二级服务，一、二级医疗机构向社区卫生服务中心（站）或其他社会卫生服务组织转换。

为了解决医药卫生体制改革过程中暴露出来的过分追求经济效益、忽视公益性的问题，2010年，北京市确立了"推进发展、提高效率、减轻负担、促进健康"的目标，探索首都特色医药卫生体制改革道路。推动公共医疗机构公益性导向发展，对市属22家医院实行规范管理。同时，整合基本医疗保障制度体系，改革和完善院前急救体系等。公共医疗卫生服务回归公益属性，保障北京百姓能够"看得上病、看得好病"，不断筑牢百姓健康保障根基。

（三）医疗卫生资源均衡布局提升健康保障可及性

党的十八大以来，北京市不断推动医疗卫生服务均衡发展，进一步优化医疗资源配置。为了促进区域间医疗资源的均衡布局，北京市引导优质医疗卫生资源向北京城市副中心、郊区、新城等资源薄弱地区转移，并将医疗资源协同作为京津冀协同发展的重要内容之一。同时，提出区域医疗中心的概念，严格控制医疗资源总量过快增长。重点推进10个远郊区区域医疗中心建设，提高郊区医疗服务能力。在五环外已规划了30余个中心城区优质医疗资源向外疏解建设项目，推动中心城优质医疗资源向郊区和津冀区域疏解[①]。2018年10月整体搬迁天坛医院，有力辐射带动城南地区医疗服务水平提升。2019年6月正式运行友谊医院通州新院，2020年北京同仁医院亦庄院区开始运营，等等。2018年，北京市卫生服务可及性和质量指数位居全国第一，在全球195个国家和地区中排第21位，百姓的看病就医获得感、满意度不断提升。

为了促进京津冀协同发展，北京支持雄安新区建设宣武医院。宣

---

① 方来英：《深化北京市医药卫生体制改革的实践与思考》，《前线》，2016年第6期。

武医院与容城县人民医院签订对口支援协议，通过专家"传帮带"激发受援医院自身发展动力与创新活力，实现从"输血"到"造血"，为当地留下一支"带不走的医疗队"。北京还与河北省张家口、保定等地签署了协议，新建高水平综合医院，并推动实现了京津冀多家医疗机构临床检验结果、影像检查资料互认，推进实施京张、京承、京唐、京廊、京保等重点医疗卫生合作项目，实现定点医疗机构京津冀跨省异地就医门诊费用直接结算等，使北京市的医疗资源在区域内发挥辐射带动效应，提升区域医疗卫生资源均衡度，惠及更多的人民群众。

二、分级诊疗提升百姓就医获得感

（一）分级诊疗引导百姓理性就医

20世纪80年代以前，我国推行严格的三级分级诊疗制度，患者需在定点医院就诊方能报销。为满足患者高质量医疗服务的需求，医疗模式逐渐过渡到"自由择医"。但是，本已稀缺的三甲医院和专家资源完全靠市场配置，出现了老百姓扎堆去大医院挂专家号的问题。在短暂享受改革红利后，很快出现大医院人满为患、小医院门可罗雀的现象，医患矛盾凸显。因此，为了解决这一矛盾，北京市通过改革力求改变原有的就医模式，而"指导就医"为目标的分级诊疗成为改革的突破口。

分级诊疗制度是按照疾病的轻、重、缓、急及治疗的难易程度，由不同级别的医疗机构承担不同疾病的治疗，逐步实现专业化医疗的过程，是缓解老百姓"看病难""看病贵"的重要举措。经过多年的发展，北京市以医联体为载体，以加强基层卫生工作为重点，以价格和报销政策为引导，初步构建基层首诊、双向转诊、急慢分治、上下联动的分级诊疗模式。鼓励常见病、多发病患者首先到基层医疗卫生机构就诊，超出基层医疗卫生机构服务能力的疾病则通过"双向转诊"至大医院就诊，大大分担了大医院的就诊压力，缓解了"大医院人满为患，基层医疗机构门可罗雀"的医疗资源供需矛盾。

"小病进社区、大病进医院、康复回社区"的分级诊疗就医理念正在为越来越多的百姓所接受，北京百姓就医逐步回归理性。截至2020年10月底，北京基层医疗机构门诊量增幅连续43个月高于二级和三级医院，呈现门诊服务向基层机构分流的态势，分级诊疗效果持续向好。

（二）基层卫生服务成为百姓就医的首要选择

基层卫生健康服务是实现人人享有基本医疗卫生服务的重要基础，只有基层医疗卫生服务机构的能力和水平不断提升、基层卫生服务体系不断健全，才能让百姓认可并留住患者。北京市不断建设社区卫生服务体系，初步形成了以社区卫生服务中心（站）为主体，以大型医疗、预防、保健机构为依托，以社区老年人、妇女、儿童以及慢病人群为重点的社区卫生服务网络基本框架。"十三五"期间，按照每个街道（乡镇）设1所社区卫生服务中心，每2～3个社区配备1个站点的标准，全市建立社区卫生服务中心342个、社区卫生服务站1602个。

家庭医生签约服务是落实基层医疗卫生服务、促进分级诊疗、推进健康北京建设的重要载体。2010年，北京市在东城区、西城区、丰台区开展家庭医生服务试点探索，2011年在全市16区推广。截至2020年10月底，北京市已组建家庭医生团队5158个，签约794.5万人，总签约率为37%，重点人群签约率保持在90%以上。在提供慢病长期处方服务、老年人送药上门、用药需求登记等便利服务方面，提升了签约居民的获得感。

此外，随着基层医疗机构药品目录品种的不断扩充，基层医疗机构与二、三级医院的药品采购目录实现统一，基层"先诊疗后结算"、检查检验结果线上查询、二、三级医疗机构预约转诊绿色通道等举措的落实，使各种优质医疗资源离老百姓越来越近，基层卫生服务得到居民认可。2020年前10个月，北京基层医疗机构诊疗量占比较2015年同期上升了约8个百分点。不含来京的就诊患者，基层诊疗量占比达到51.2%，达到近年来历史新高。基层卫生服务越来越成为北京百姓就医的首要选择。根据第三方调查，2020年，居民社区卫生服务综合满意度为85.2%，比2015年提高5.1个百分点。

（三）医联体打通百姓分级诊疗通道

分级治疗的核心难点是不同层级医疗机构之间的转诊不够顺畅，分级诊疗难以真正实现。为了解决这一难点问题，北京市探索实行医联体模式。2012年底，北京朝阳医院联合周边10家二、三级医院，成立北京市第一家以"分级诊疗"为目标的医联体。2013年开始推进建立大医院带社区的服务模式和医疗、康复、护理有序衔接的服务体系，以医联体建设为切入点推进分级诊疗。此后，明确医联体建设中的社区用药、双向转诊、专家选派、检查互认及协作、医联体内医师执业等问题，促进医联体工作更加规范地深入推进。到2020年底，北京市组建了覆盖全市16区的60个综合医联体和37个紧密型医联体，基本形成医联体为主体的分级诊疗格局。

医联体医疗机构通过病床、设备、人员的综合统筹、调整，优化配置资源、合理利用资源，最大限度地保障辖区居民健康权益。医联体的主要工作方式表现为开展双向转诊、上级医疗机构定期派出专家到基层出诊查房带教、基层医师到上级医院进行专业培训及免费进修、基层预约大医院专家号源、远程会诊等信息化建设、推进检查结果互认等。通过发挥医联体引领作用，以多种方式促进优质医疗资源向医联体单位下沉，增强基层服务能力，让百姓在家门口就能享受到大医院同等质量的医疗服务。可以说，医联体建设打通了百姓的就医路，实现了双向转诊渠道无缝衔接。近年来，北京市呈现出三级医院门诊服务量向基层机构分流的良好态势。

三、降低医药负担，提高百姓幸福感

（一）医药分开改革降低百姓就医负担

以前，我国对公立医疗机构采取以药补医机制，对公立医疗机构用药实行15%的药品加成政策，即公立医疗机构的药品销售价是在其实际购进价的基础上，增加15%的药品加成费用，用于补偿医疗机构运行成本，促进卫生事业发展。这种机制在一定程度上提高了市民的就医成本和经济负担，同时，扭曲医生价值实现，产生复杂的利益链条，也是引发医患关系紧张的重要原因。

为了遏制医药费用不合理增长，减轻群众医药费用的负担，促进医疗机构主动控制和合理使用药品，减少"多开药、开贵药"等现象，2017年4月，北京市全面推行医药分开综合改革，解决以药养医这一历史性问题。主要采取取消医疗机构药品加成，实行零差率销售，设立医事服务费，取消挂号费、诊疗费，实施药品阳光采购，规范调整435项医疗服务项目价格，实施改善医疗服务等综合改革措施。北京市医药分开综合改革，打破了以药养医格局，为医疗服务质量进一步提升创造了条件，让市民和医务人员共享医改红利。据统计，2017年北京医药分开综合改革以来，医药费用年增幅控制在8%左右。

（二）医耗联动改革促进医疗服务价降质升

按照过去的政策，医院销售可单独收费的医用耗材价格可加5%～10%。2019年6月，北京实施医耗联动综合改革，取消了医疗机构医用耗材加价政策，降低资源消耗性项目价格，提高脑力、体力投入较大的项目价格，从而促使医生靠技术吃饭，而不能靠卖耗材赚钱，医疗机构收入结构出现良性变化，结束了耗材养医的历史。医耗联动综合改革是医药分开综合改革的进一步深化，旨在提升医疗服务水平，提升对医务人员技术劳务价值和患者生命价值的尊重，提升医患之间的相互信任关系。

医药分开和医耗联动综合改革使参改医疗机构告别了以药品和耗材补偿运行成本的历史，技术劳动补偿发挥更大作用，新的补偿机制有效支持了医疗机构平稳运行发展。同时，引导医疗机构全方位、多角度改善医疗服务，更好地保障居民健康和就医需求，改善人民群众看病就医感受，切实增强人民群众的获得感。

2019年6月北京市开始实施医耗联动综合改革，至2020年10月，医药费用较同期减少12.4%，门急诊次均费用、出院例均费用实施当年分别增长0.6%、2.6%，实现15年以来费用增长幅度最低，每年节省费用13亿元。开展国家药品集中采购试点和京津冀医用耗材联合采购，2019年节省药费约15亿元，节省耗材费用约5亿元。北京市统计局调查数据显示，94.4%的受访市民支持医耗联动综合改革，满意率达84.9%，77.8%的受访市民认为负担减轻，感受到耗材检查费用下降的市民达78.2%，88%的市民表示医疗服务得到了改善，97.3%的市民认为费用能够承担。[①]

（三）三医联动改革有效缓解"看病贵"难题

三医联动改革，就是以降药价为突破口，不断健全医保管理和筹资机制，推进药品医用耗材领域改革，把报销比例提上去，把药品价格降下来，进一步缓解"看病贵"的难题，让群众就医享受实实在在的好处。北京市统筹推进医疗、医保、医药各项改革，注重改革的系统性、整体性、协调性，全面实施医药分开，调整医疗服务价格，推进复合型医保支付方式改革，从整体上破解百姓"看病贵"的问题。

2017年开始进行医药分开综合改革的同时，北京市加大了对城乡低保、低收入、特困供养人员等社会救助对象的医疗救助力度，提高社会救助对象医疗救助、门诊救助和住院救助比例。把新设立的医事服务费纳入医保报销范围，在新调整的435项医疗服务价格项目中，除国家明确规定不报销的项目外，其他全都纳入医保报销范围。此外，北京市医疗保障局于2018年11月30日正式以新机构名义对外履行职责，为"三医联动"改革加强了组织保障。通过三医联动改革"组合拳"，从整体上、深层次解决了北京市民"看病贵"的难题。

---

① 《北京市基层医疗机构诊疗量增40%》，《北京日报》，2019年12月15日。

第三节　多层次医疗保障体系夯实健康生活基础

北京市医疗保障制度经历了建立、发展、完善的过程，从劳保医疗到职工基本养老保险、从市民卡到医保蓝本、从等待期长达几个月的手工报销到实时结算的社会保障卡都代表着医疗保障制度的变迁历程。自2001年建立职工基本医疗保险制度以来，北京医保发展到现在，已经实现了人群的全覆盖。同时，参保人员所享待遇也越来越高，如门诊报销从50%～70%到社区就诊报销90%，城镇职工住院报销封顶线从17万元到50万元[①]，门诊特殊病范围从最初的3种扩展到了11种等。医疗保障体系由中华人民共和国成立初期的初步建立到如今的全覆盖，给北京市民的生活带来了巨大的改变，参保人员有满满的获得感。[②]

一、基本医疗保障范围逐步扩大

（一）由公费医疗向医疗保险转轨

中华人民共和国成立初期，北京市的医疗保障制度以"公费医疗"和"劳保医疗"为主，面向国家公职人员的是"公费医疗"，面向企业职工及家属的是"劳保医疗"。北京的公费门诊和公费住院制度始于1952年，面向国家工作人员实行。1953年，大专院校的在校学生纳入公费医疗范围；1956年开始，中央驻京机关单位人员的公费医疗由北京市统一管理。

由于公费医疗费用上涨过快，1998年，国务院颁布《关于建立城镇职工基本医疗保险制度的决定》，全国推行城镇职工基本医疗保

---

① 2019年1月1日起，北京城镇职工及城乡居民住院报销封顶线，分别由30万元、20万元提高至50万元、25万元。

② 解丽：《迭代更新医保卡见证北京医保改革40年》，《北京青年报》，2018年12月18日。

险制度改革，逐步实现由公费医疗、劳保医疗的单位福利制度向社会保险制度转轨。北京市基本医疗保险改革方案在经历了两年的酝酿、摸底调查、反复征求意见、不断修改完善后，于2001年3月出台。方案覆盖范围包括在京企业、机关、事业单位、社会团体等所有用人单位，涉及职工人数近600万人，其中中央在京单位160万人。开始探索建立以基本医疗保险为基础，以大额医疗费用互助、公务员医疗补助、企事业补充医疗保险为辅助，以商业保险为补充的，可以满足不同层次人群需求的医疗保险制度。截至2001年底，北京市共有21万职工进入基本医疗保险体系。

2009年5月，北京市平谷区启动财政拨款单位进行公费医疗并入基本医疗保险改革的试点，全区2万多名行政机关、事业单位在职职工和退休人员不再享受公费医疗，全部纳入基本医疗保险。2010年，北京市各区县所属机关事业单位公务员全部纳入基本医疗保险，涉及45万人。从2012年元旦起，北京市级公费医疗人员全部并入职工医疗保险，除了北京市属高校学生之外，北京市级公务员、事业单位、公立医院以及高校教职工等约22万人取消公费医疗待遇，按照比例缴纳医保。

此阶段，北京市城乡基本医疗保险制度的覆盖面持续扩大，截至2010年底，城镇职工和居民基本医疗保险参保人数达到1207万人，超过年度目标107万人。新型农村合作医疗参加人数达到279万人，参加率97％。全市发放"社会保障卡"826万张，城镇职工和居民门诊住院报销全部实现"持卡就医、实时结算"。[①]

（二）新型合作医疗惠及广大农民

中华人民共和国成立初期，在京郊农村地区，基本医疗保障以"合作医疗"为主。北京郊区农村试点推行合作医疗制度始于1969

---

① 雷海潮：《探索首都特色医药卫生体制改革道路》，《中国卫生资源》，2011年第9期。

年，在20世纪70年代，合作医疗制度曾惠及大多数农村居民，世界卫生组织称赞其为"以最少投入获得了最大健康收益"的"中国模式"。改革开放以来，随着农村劳动力进入城市，合作医疗越来越难满足这些流动劳动力的医疗需求，至1989年，以村集体经济为基础的合作医疗相继停办。

为了建立惠及广大农民的医疗保险保障力度，2003年，北京市开始在农村建立新型农村合作医疗制度，明确新型农村合作医疗制度是由政府组织、引导、支持，农民自愿参加，个人、集体和政府多方筹资，以大病统筹为主要内容的农民医疗互助共济制度。新型农村合作医疗制度对于帮助农民抵御疾病和生活风险，避免部分农民因病致贫方面发挥了重要的作用。

（三）全民医疗保障制度框架逐步构建

在北京市医疗保障体系改革探索的过程中，逐步构建起"三纵三横"的医疗保障主体构架。三纵，即城镇职工基本医疗保险、城镇居民基本医疗保险和新型农村合作医疗；三横，即主体层、保底层、补充层。3项基本医疗保险制度构成了主体层；城乡医疗救助和社会慈善捐助等制度对困难群众参保和个人负担给予帮助，构成保底层；对于群众更高的、多样化的医疗需求，通过补充医疗保险和商业健康保险来满足。"三纵三横"医疗保障主体架构从制度上覆盖了全体居民，为北京市民的医疗保障搭建了稳固的制度框架，为健康生活构建了有力的支撑。

在此基础上，北京市进一步明确要加快建立多层次、多元化、全覆盖的全民医疗保障体系，形成以基本医保为主体，商业保险、企业保险、医疗互助为补充，医疗救助、应急救治兜底的医疗保障安全网，更好地满足人民群众不断增长的医疗健康服务需求。截至2019年底，城镇职工总参保1359万人，累计就医883.2万人，同比增长5.2%；城乡居民总参保399万人，累计就医310.4万人，同比增长5.0%。全市参保就医人数稳步增长，医疗保障覆盖范围进一步扩大。

二、多层次医疗保障体系不断完善

（一）"城乡统一"提升医保制度公平性

党的十九大报告提出，按照"兜底线、织密网、建机制"的要求，全面建成覆盖全民、城乡统筹、权责清晰、保障适度、可持续的多层次社会保障体系。北京市自2018年1月1日起实施统一的城乡居民医疗保险制度，这意味着北京市居民医保彻底打破城乡二元分割结构，也标志着北京市城乡之间社会保障制度的全面统一，保证城乡居民公平享有社会保障权益。

按照"覆盖范围、筹资政策、保障待遇、医保目录、定点管理、基金管理"的"六统一"要求，北京市采取一系列措施推动城乡居民医保制度落实。财政继续加大补助力度，参保人员待遇水平明显提升，定点医疗机构选择范围进一步扩大。同时为农村居民发放社保卡，农村居民持卡就医实时结算，无须个人再先行垫付医药费，进一步降低农村居民的就医经济负担。新制度还统一了城乡居民医疗保险药品目录、诊疗服务项目和医疗服务设施范围，城乡居民医保可报销的药品种类由当时的2510种扩大到3000多种，与职工医保一致。

（二）医疗保障兜底功能不断强化

为了提升医疗保障的兜底作用，北京市不断完善大病保险、医疗救助等制度。北京市分别于2003年、2005年建立农村和城市医疗救助制度，对低保等困难群众进行救助。2007年6月，北京市启动"学生儿童和城镇无医疗保障老年人大病医疗保险"的医保新政策，进一步扩大了医疗保险覆盖范围，惠及更多人群。此后，北京市不断规范和调整完善城乡医疗救助制度，重点调整了救助标准等，便于基层理解和操作执行。从2015年8月1日起，北京市城乡特困人员门诊救助和住院救助比例由60%提高到70%；重大疾病救助比例由70%

提高到75%，且重大疾病救助病种由原来的9类80多种扩大到15类134种。

为了提升北京市医疗保障兜底功能，2019年，将城乡居民困难人员大病保险起付线降低50%，医疗救助报销比例提高5个百分点。恶性肿瘤、血友病、再生障碍性贫血等11个特殊病种纳入门诊特殊病范围，参保人员问诊特殊病的相关门诊费用按照住院标准报销。2020年，为实现困难群体的应保尽保和兜底保障，城乡居民最低生活保障和生活困难补助人员、城乡低收入救助人员、特困供养人员等13类困难人员，其个人缴费由财政全额补贴，个人不需缴费。

（三）商业保险成为有效补充

基本医疗保险只能保障居民的基本医疗需求，商业保险可以满足人们个性化的、更高层次的医疗需求。引入商业保险，等于引入了市场竞争机制，有利于提高基本医疗保险的服务质量。2016年起，北京、上海等31个城市开始实施商业健康保险个人所得税政策试点工作，在试点地区，个人购买符合规定的健康保险产品的支出，允许按照2400元/年（200元/月）的限额标准在个人所得税前予以扣除。国家运用税收减免制度，鼓励单位和个人购买商业健康保险，作为基本医疗保险的补充，以减轻居民就医的经济负担。2019年，北京市卫生筹资总额为2964.81亿元，按可比价计算，比上年增长17.73%。社会卫生支出1850.52亿元，比上年增长20.11%，其中，商业健康保险费有较明显的增长，增幅达25.95%。

三、医疗保障制度不断创新发展

（一）持续优化居民医保待遇

为鼓励支持城乡居民区内就医，2020年，北京市继续提高区属三级医院报销比例，将各区医院、区中医院等区属三级医疗机构住院报销的比例提高3个百分点，达到78%。将城乡居民医保现行门诊封顶线从3000元/年调整到4000元/年，且不增加城乡居民个人缴费。建立医疗服务项目价格动态调整机制，完善医保药品目录和服务项目目录动态调整机制。2020年1月1日起，北京市医保增加297种药品，其中包括癌症及罕见病等重大疾病治疗用药。还对主要在门诊使用、非处方药的231种药品，按国家规定对限定支付范围进行了调整，门诊使用和定点药店购药时医保基金予以支付。[①]

（二）完善医保支付方式

医保支付是基本医保管理和深化医改的重要环节，是调节医疗服务行为、引导医疗资源配置的重要杠杆。北京市积极探索医保支付方式改革，建立并不断完善符合市情和医疗服务特点的医保支付体系。

2017年起，北京市进一步加强医保基金预算管理，全面推行以按病种付费为主的多元复合式医保支付方式，逐步转变为按项目付费的单一方式，建立按项目付费、单病种付费、定额付费等医保付费体系，完善总额控制管理办法，推进紧密型医联体总额管理。改革措施实施以来，北京市医保基金运行平稳，医疗保障力度持续加大。截至2019年底，城镇职工医保基金结算医疗费用1015.7亿元，同比增长6.3%，有效控制医疗费用过快增长；城乡居民医保基金支出88.8亿元，同比增长23.0%。[②]

（三）为新冠肺炎疫情防控提供医疗保障支撑

为做好新型冠状病毒感染肺炎疫情防控医疗保障工作，满足百姓的医保需求，北京市制定了新冠肺炎疫情防控医疗保障政策，调整针对确诊和疑似患者的医保报销政策，让患者放心就医。同时，及时足额向防治定点医疗机构拨付基金，让医院放心救治。此外，适当放宽慢病门诊开药量，减少患者就医次数，让市民放心预防。疫情期间延

---

① 刘欢：《北京公布2020年城乡居民医保筹资标准》，《北京日报》，2019年11月12日。

② 王歧丰：《高质量谱写首都医保事业新篇章》，《北京日报》，2020年1月15日。

长医疗保险缴费期等政策，支持企业抗击疫情，保障参保人员权益不受影响。

随着疫情发展，为确保慢病患者不因开药问题反复奔走医院，避免人员聚集，降低交叉感染风险，北京启动互联网诊疗定价、报销及网上结算工作。医保定点医疗机构经卫健部门审批后开展互联网诊疗服务，医保定点医疗机构按政策规定开展的互联网诊疗服务均可纳入医保范围。患者通过电子实名认证后，所发生的"互联网复诊"项目可在线实时分解、实时结算。患者凭在线医生开具的处方，经定点医疗机构确认后可自行选择到定点医疗机构取药、到定点零售药店取药或药品配送上门服务，3种方式在取药时均可持卡实时结算。在疫情特殊时期，医保制度的创新，使北京市参保人员享受到更加便捷的互联网医疗服务，发挥了新冠肺炎疫情防控中的医疗保障支撑作用。

第五章

更加丰富多彩的文化生活

文化是一个国家、一个民族的灵魂，是社会发展中最具有底蕴和持久影响的力量。中华人民共和国成立70多年来，全国各地特别是首都北京的文化领域获得了长足发展，文化创新随处可见。特别是在与百姓日常生活紧密相连的公共文化服务、群众文化和生活文化等方面，文化的创新体现出共享、集聚和强劲的鲜明特征。

第一节 走向多元供给的公共文化服务

公共文化是文化中维护社会稳定和谐、构建社会向心力与凝聚力的重要元素。公共文化服务是政府部门，特别是公益性文化单位向人民群众提供公共文化产品与服务的制度与系统的总称，随着文化体制改革的不断深入与体制机制的不断健全而日益完善。中华人民共和国成立初期至改革开放前（1949—1978），全国公共文化服务处于初创与徘徊期，北京整体领先于其他地方，但同样面临基础薄弱、发展不均衡等问题。这一时期，公共文化服务领域的文化创新受到局限，但也有自身鲜明的时代特色，比如博物馆的功能恢复、8个样板戏的艺术雕琢与时代烙印、电影电视的技术创新等。改革开放至十八大前（1979—2012），公共文化服务处于恢复与发展阶段。这一时期服务职能日益强化，创新活力不断增强，电影电视的内容创新、技术创新和方法创新特别突出。十八大以来（2013年至今），党中央高度重视文化建设，做出一系列重大决策部署。特别是习近平总书记多次就文化建设和发展做出重要讲话，为社会主义公共文化建设指明了方向。在这一历史背景下，北京公共文化服务现状整体向好、亮点突出。

一、开放公益的文博事业

博物馆是展示优秀传统文化、文化遗产遗存和民族历史的重要平台。在保存、传承、教育和宣传优秀传统文化方面发挥着重要作用。

（一）政策保障与时俱进

如果说创新可以体现在各行各业各个层面，那么最有效的创新还要归于制度的创新，其次是商业模式的创新，再次才是产品的创新，因为产品的创新是制度和模式的产物。在公共文化服务领域，制度创新还体现在理念的创新和服务的创新，其精细度更加凸显。1950年，由中央人民政府发布的《禁止珍贵文物、图书出口暂行规定》，是中华人民共和国成立后的第一项文物保护法规，并由此拉开了新中国文物立法工作的序幕。①随后，法治建设的步伐不断加快，《中华人民共和国文物保护法》《北京历史文化名城保护条例》《长城保护条例》《历史文化名城名镇名村保护条例》《中华人民共和国水下文物保护管理条例》《北京市文物行业行政处罚执法流程及裁量基准》等政策法规相继出台，文博事业的法律体系日渐完善，为文博事业的发展保驾护航，与文博事业发展相互支撑。其中，《中华人民共和国文物保护法》分别于1991年、2007年、2013年、2015年和2017年进行了5次修订，较好地体现了政策的与时俱进性。

（二）公益特点日渐凸显

文博事业公共文化服务体系具有人本性、服务性和公益性的特点。2008年1月，中宣部、财政部、文化部、国家文物局联合下发《关于全国博物馆、纪念馆免费开放的通知》，正式启动实施博物馆、纪念馆向全社会免费开放的政策。免费开放只是文博公益服务的一个方面，甚至是基础条件。随着经济社会的不断发展，文博的公益属性发挥得越来越充分。首先体现在从"以物为核心"向"以人为核心"理念的转变，更加重视博物馆服务于社会、服务于公众的性质。2019年9月，北京市庆祝中华人民共和国成立70周年系列主题新闻发布会上北京市文物局公布的数据显示，北京市登记备案的博物馆共有179家，其中国家一级博物馆14家，居全国第一。平均每年举办展览600余场、活动逾千次，年服务观众超过5000万人次。其次体现在"免费不免责"的服务精神，正视并解决免费与服务质量、文物保护、设施完善、接待能力等现实问题的矛盾。文物安全管理水平不断提升，以2014年为例，北京市文物行政执法人员对国保单位开展执法巡查

---

① 杜翔：《曲折的道路，光明的前途——写在纪念〈北京文博事业五十周年成就展〉之际》，《首都博物馆丛刊》，2001年第15期，第271页。

达758次，安全检查730次；对市保单位开展执法巡查998次，安全检查785次。^①

（三）体系建设不断完善

伴随着文博事业由"以物为核心"向"以人为核心"理念的转变，文博的体系建设日趋完善。过去的保护主要停留在一个又一个的"点"上，比如长城中的八达岭、居庸关、慕田峪等。当下，从"点"到"线"到"面"的整体性保护理念日渐完善。特别是自《北京城市总体规划（2016年—2035年）》中提出"四个层次、两大重点区域、三条文化带、九个方面"以来，北京历史文化整体价值的保护理念更加凸显，中轴线申遗工作便是在整体保护的理念下正在推进的重点工作之一。特别需要强调的是，北京不仅提出了"一核一城三带两区"的建设思路，而且主动融入京津冀协同发展的大格局之中，牵头起草并签署了《京津冀三地文化领域协同发展战略框架协议》《京津冀文化产业协同发展行动计划》等协同发展的纲领性文件，对于统筹三地文化资源，实现文化优势互补，打造区域文化特色，带动全国文化改革，具有重要的意义。

二、精粹创新的舞台艺术

北京的舞台演出样式异彩纷呈，内容创新全国领先，无愧于"国际文艺演出中心"的称号。

（一）形式多样，内容丰富

北京的舞台艺术活动主题鲜明，内容丰富多彩。各种形式的文艺演出，较好地担承着北京本地文化与活动参与方文化的交流互动。以2019年为例，这一年正值中华人民共和国成立70周年，也是舞台艺术展演的大年。主要演出活动有北京交响乐团音乐会、

---

① 中华人民共和国文化部编：《2015文化发展统计分析报告》，北京：中国统计出版社，2015年版，第60页。

第二十二届北京国际音乐节、第六届当代小剧场戏曲艺术节、第八届国家大剧院舞蹈节、全国基层院团戏曲会演和2019全国舞台艺术优秀剧目暨优秀民族歌剧展演等。其中，全国基层院团戏曲会演汇集了全国31个省（区、市）的31台节目，涵盖评剧、秦腔、弋阳腔、漫瀚剧、侗戏、潮剧、丝弦等30个剧种，体现了深入生活、贴近民生的艺术特点。北京市文旅局主办的"北京故事"优秀小剧场剧目展演汇聚国有和民营院团的20部作品，包括京剧、话剧、越剧、昆曲、淮剧、河北梆子、形体剧、现代舞等8个艺术种类。展演通过"古·今""变·化""生·活"3个板块分别展示了小剧场戏曲的传承与创新、对改革开放辉煌成就的礼赞、对百姓日常生活酸甜苦辣的描绘等，从一个侧面反映出新时代舞台艺术的繁荣景象。

（二）突出原创，凸显精品

北京的舞台艺术既有对传统的继承，也有创新创意。特别是原创作品不断涌现，斩获口碑与票房的双丰收。国有文艺院团在原创方面的投入力度很大，与时俱进地推出了一大批艺术精湛、思想深刻的文艺精品。国家大剧院策划的"献礼新中国成立70周年"专题，邀请北京人民艺术剧院、北京曲剧团共同演绎。其中，北京人民艺术剧院推出《小井胡同》《天下第一楼》，呈现了四九城里的风土人情，雅俗共赏；北京曲剧团推出《龙须沟》，该剧曾获文化部第八届"文华新剧目"奖、北京市委宣传部"十个一工程"奖、北京市文化局演出百场奖等；国家大剧院推出历时4年打造出的原创中国史诗歌剧《长征》、原创话剧《抉择》、民族舞剧《天路》等，它们都是深受观众好评的艺术精品。市场化程度较高的民营院团，原创声音也很高涨。以开心麻花为例，其原创喜剧作品既叫好又叫座，团队运作力已成为金字招牌，2019年推出的原创喜剧《谈判专家》创下单天票房70万元的惊人成绩。国家话剧院在创作上坚持以"中国原创""世界经典""实验探索"三驾马车并驾齐驱，而"中国原创"则是重中之重。

（三）引领全国，走向世界

作为全国文化中心，北京的舞台艺术魅力无穷、活力四射，利用节假日进行文艺演出的文化传播形式已成气候。北京作为首都，节假日期间接待游客量逐年攀升。2014年五一假期共接待550.6万人次，2019年已达685.1万人次。2013年，全市123家主要演出剧场全年营业性演出是23155场，吸引观众1014万人次，实现票房收入14.42亿元。其中，53个主要艺术剧场全年演出16204场，实现演出收入78856万元，吸引观众662万人次。与全国主要文化城市相比，北京的文化演出场次高居全国之首。2019年，北京市文化和旅游局相继公布了《北京市区级公共图书馆、区级文化馆、街道（乡镇）综合文化中心》379处和长达84页的《北京市残障人士文化旅游资源手册》等，体现了政府在公共文化服务方面的信息公开和大数据服务。2020年，公布《北京市部分文化场所名录》（详见表1），其中，市属艺术表演团体13个、北京市公共图书馆23个、主要艺术表演场所47个，彰显了北京在公共文化服务方面和在全国文化中心建设方的成绩。

表1　北京市部分文化场所名录[1]

1	市属艺术表演团体	北京京剧院、北方昆曲剧院、北京交响乐团、北京人民艺术剧院、中国评剧院有限责任公司、北京市河北梆子剧团有限责任公司、北京市曲剧团有限责任公司、中国杂技团有限公司、中国木偶艺术剧院股份责任公司、北京歌舞剧院有限责任公司、北京儿童艺术剧院股份有限公司、北京曲艺团有限责任公司、北京民族乐团有限责任公司

---

① 数据来源：北京市文化和旅游局官网，参见网址：http://whlyj.beijing.gov.cn/ggfw/wh/202008/t20200824_1990048.html（2020年8月24日）。

2	北京市公共图书馆	首都图书馆、东城区第一图书馆、东城区第二图书馆、西城区第一图书馆、西城区青少年儿童图书馆、西城区第二图书馆、朝阳区图书馆、朝阳区少儿图书馆、丰台区图书馆、丰台区青少年儿童图书馆、石景山区图书馆、海淀区图书馆、门头沟区图书馆、房山区图书馆、房山区燕山图书馆、通州区图书馆、顺义区图书馆、昌平区图书馆、大兴区图书馆、怀柔区图书馆、平谷区图书馆、密云区图书馆、延庆区图书馆
3	主要艺术表演场所	国家大剧院音乐厅、国家大剧院戏剧场、国家大剧院歌剧院、国家大剧院小剧场、首都剧场、人艺实验剧场、菊隐剧场、中国儿童剧场、假日经典小剧场、北京展览馆剧场、北京世纪剧院、北京天桥剧场、天桥艺术中心大剧场、天桥艺术中心中剧场、天桥艺术中心小剧场、天桥艺术中心多功能剧场、保利剧院、民族宫大剧院、海淀剧院、梅兰芳大剧院、长安大戏院、北京音乐厅、中山公园音乐堂、中国木偶艺术剧院大厅、中国木偶艺术剧院小铃铛剧场、中国评剧大剧院大剧场、中国评剧大剧院小剧场、德云社天桥剧场、东图会议中心剧场、北京朝阳剧场、刘老根大舞台、老舍茶馆（含新京调）、湖广会馆大戏楼、前门梨园剧场、崇文工人文化宫、国话先锋剧场、繁星戏剧村（2个厅）、北京地质礼堂、北京蜂巢剧场、北京蓬蒿人剧场、海淀工人文化宫、雷剧场、鼓楼西剧场、中国儿童中心剧场、北京西区剧场、国图艺术中心（原国图音乐厅）、嘻哈包袱铺交道口店

除在全国具有领头羊的作用外，作为首善之区的首都北京也十分重视海外文化传播。多年来持续走进多个国家与地区，与不同文明、不同文化、不同城市进行交流，展示中华文化魅力。2019年，中国国家京剧院赴瑞士演出《大闹天宫》，赴葡萄牙、英国演出《杨门女将》，赴美国演出《太真外传·长生殿》《大闹天宫》《三岔口》，同时以讲座和文化体验的方式让海外观众了解京剧、了解文化、了解北京。

三、面向世界的影视创意

影视观赏是公众捕捉时代信息、享受文化浸润必不可少的文化活动。这是影视产业迅速发展的原因之一。

（一）电影：量多　质高　辐射力强

北京的电影作品一直成绩优异，数量高、质量优的电影作品提升了北京的文化影响力，并辐射到全国乃至世界。以2017年为例，北京市重点扶持的电影作品在多个活动中获得奖项或表彰。第十四届精神文明建设"五个一工程"表彰座谈会中，列入北京市文化精品工程项目、由北京市重点扶持创作的电影《战狼2》《智取威虎山》《湄公河行动》《百团大战》获得优秀电影奖，占11部获奖电影作品的36%。第26届中国金鸡百花电影节闭幕式暨第31届中国电影金鸡奖中，北京创作生产的5部影片有所斩获。由博纳影业集团出品的《湄公河行动》获最佳故事片奖；由天画画天（北京）影业有限公司出品的《塔洛》获最佳中小成本故事片奖。在"迎接党的十九大重点国产影片推介活动"中，北京地区创作影片、首部金砖国家合拍电影《时间去哪了》，以及《红海行动》获重点推介。

（二）电视：品类丰　类型广　质量取胜

电视节目的题材、类型、数量等，快速而直接地反映着一个地区的文化影响力。多年来，北京电视台通过卫星电视、数字媒体、互联网等形式传递丰富的文化内容，获得了很多佳绩。长期举办的北京电视节目交易会，更是本着影视展会活动和影视基地借力共赢的发展目标，深度探讨"数据重构影视"的时代命题，联合中国（怀柔）影视基地为北京建设"影视之都"做出突出贡献。2014年春，第13届北京电视节目交易会聚集了来自全国各地的300家参展机构，中央、省、市各级电视台与网站等播出机构125家，共推出电视剧、纪录片、动画片及其他各类电视节目500余部。电视剧在各种电视节目类型中所占比重最大，达88.54%，有465部17375集；动画片类型占比位居第二，为6.41%，有33部1680集；纪录片、电视栏目占比5.05%，有26部1958集。2020年，受新冠肺炎疫情影响，第26届北京电视节目交易会（春交会）采取全部线上举办，报名参展项目达1185部；第27届北京电视节目交易会（秋交会）则采取"线下+线上"双线并行的办会模式，累计参展节目有800余部（首次参展节目近300部），其中，注册展商约370家超1800人，买家近100家约350人，实现了抗疫背景下的创意办展。

（三）活动：水平高　覆盖广　亮点突出

北京作为首都，在举办大型文化活动方面具有天然的优势。多年来，北京持续举办了多次覆盖全国、影响世界的高水平文化活动，其中影视活动的频次颇高，亮点也十分突出。

首先，北京电视节目交易会屡创新高，带动了全国电视节目的发展。2017年，交易会共推介电视节目近900部，其中，前期筹备剧目345部13969集，开机拍摄及后期制作剧目97部3740集，首轮发行剧目238部9657集，二轮、多轮发行剧目153部6432集，纪录片、电视栏目42部11000集，动画片24部1308集。随着网络文学与电视节目制作行业的深度融合，交易会还推介网络文学作品140部。此外，北京电视节目交易会贯彻"商务洽谈间"交易模式，集中为买家和展商开辟便捷交流、洽谈合作的良好空间，设置展商商务洽谈间近460间。

其次，各种电影节为首都市民带来丰富多彩的文化活动的同时，也提升了北京文化的影响力，成为反映时代特色的重要标尺。北京国际电影节在影视的产、传推动上，与北京电视节目交易会交相辉映，是每年一季的北京影视活动盛宴。电影节立足中国电影产业的发展现实，搭建专业、务实、高效的互动与交易平台，为来自世界各地的参与者提供优质服务与技术支持，拓宽了影院院线、影视基地、项目创投、微电影、电影投融资及产业链联动等相关产业的合作路径。2014年，"北京展映"环节收到报名影片1520部，分别来自6个大洲的79个国家和地区，其中，境外影片1127部、境内影片393部。无论是参评影片还是参展影片，境外影片分别以占比为81.48%和74.14%的绝对优势高于境内影片占比的18.52%和25.86%，数据有效体现出电影节的国际性特点。除北京国际电影节外，"微电影节"、"大学生电影节"与"华语青年影像论坛"分别从不同维度聚焦电影产业的现实问题与相关研究，是传播电影艺术的主要助推平台。需要特别强调的是，2020年的新冠肺炎疫情对影剧场打击巨大。第十届国际电影节采取了线上与线下同步进行的方式展映了300多部中外佳片，市场签约330.89亿元。在全球共同抗疫的背景下，率先吹响了复兴电影艺术的号角。

第二节　创意丰富的群众文化生活

文化生活的创新包括多个层面、多重维度，与百姓生活紧密相连的创新最能体现生活现实的变化。无论是水平、质量、方式、途径还是品质，文化生活的创新首先体现在创意的产业性，其次是城市的特色性，最后是条件的保障性。因此，北京特色、产业分析和媒介变化是群众文化生活必不可少的重要组成部分。

一、鲜活灵动的创意文化

新文艺群体的发展最能体现文化的态势和动能，小剧场艺术的呈现水平更是一个城市文化特色的重要体现。北京作为首都，在满足人们日益增长的文化需求的同时，更发挥着文化发展风向标的作用，是文化创意的重要构成。因此，深入分析当前新文艺群体和小剧场艺术的发展状况，有助于更好地发挥首善之区的趋势引领性。

（一）正在崛起的新文艺群体

互联网技术和新媒体改变了传统文艺形态的同时，也催生了有别于传统文艺工作者的新文艺群体。签约作家、独立制片人、自由撰稿人、文创设计者、非遗传承人、广场舞参与者等，他们通过文艺沙龙、国学班、传习所、读书会、茶艺社等方式聚集，成为繁荣社会主义文艺的有生力量，也是创新文化不可忽视的重要组成部分。新文艺群体不依赖财政拨款，不占用行政事业编制，以自身的文艺创作和文化服务丰富着人民群众的精神文化生活，是我国文学艺术发展中的新情况和新形态。[①]与全国的其他省（区、市）相比，北京的新文艺群体从业者数量更众、类型更多、水平更高。据北京市文联统计，截至

---

① 郑晓幸、李明泉：《用全新的眼光看待新文艺群体》，《光明日报》，2018年5月19日。

2016年底，北京注册的文化企业有10万多家，从业人员近38万人。在北京市民政部门登记的文化类社会组织所属个人会员约9.6万人，其中，聚集在798、宋庄、亦庄等艺术区的签约艺术家有3000多名，他们每年举办艺术活动2000多场。这些懂市场、接地气、有活力的新文艺群体在文艺创作上体现出创作生活化、服务温度感和活动有效性，是创新文化不可忽视的生力军。"北漂"书法家程度斩获书法界的最高奖兰亭奖，网络文学写手马伯庸因为《长安十二时辰》等网络文学作品而获评正高职称，民间艺人胡鹏飞因为北京文化市场的滋养而打开了自己的艺术市场……他们成为首都文化的重要组成力量。不仅如此，新文艺群体海外传播的溢出效应也日渐凸显。全国范围内，李子柒的美食短视频在传播中华优秀传统文化上势头强劲。北京范围内，IG电子竞技俱乐部2011年成立后，一路战绩辉煌，分别荣获第二届DOTA2国际邀请赛冠军、WCG2012世界总决赛冠军、2018英雄联盟全球总决赛冠军、2018德玛西亚杯冠军和2019LPL春季赛冠军等，创造了中国电竞新的历史。

（二）遍地开花的小剧场艺术

小剧场艺术的诞生、发展与兴盛，与经济社会发展、文化消费需求相伴相随。其诞生之初，便与大剧场有不同的创作选择，它具有更加贴近观众需求的创作动机，具有多元化方向的创作取向和拥有更加丰富的剧目类型等。因为这些特性，小剧场的发展形成一波又一波的文化浪潮，先锋、实验、创新、年轻化等关键词此起彼伏，呈现艺术创作与演出的繁荣景象。例如，繁星戏剧村在众多演出单位和艺术机构中快速脱颖而出，主要得益于其准确的小剧场艺术定位，每年一次的小剧场戏曲艺术节很好地推动了这一演出方式的传播、发展和艺术探索。由香港西九区戏曲艺术中心演出的小剧场粤剧《霸王别姬》就是在这一平台上被北京观众所熟知的。除单个艺术剧目的艺术探索外，主办方就小剧场戏剧发展也做了很多方面有益的探索。例如，2018年第五届当代小剧场戏曲艺术节注重艺术风格的多样化表达，展演分"实验戏曲""曲韵悠长""粉墨梆腔""乾旦坤生""氍毹变幻"5个单元,每个单元都强化了剧目自身的风格类型,彰显"在继承中创新,在创新中发展"的办节特色。由中国国家话剧院制作的小剧场话剧《哥本哈根》所散发的思辨性艺术魅力,主要得益于小剧场在本体艺术特别是思想内容方面所做的极致性探索。一次次触目惊心的内心惊曝、一层层深入肌理的灵魂拷问与人性剖析,展现的是情感和思维冲突的多面性和复杂性,它引发的轰动,不仅让人感动,而且引人深思。这深思既包括戏剧艺术在诗性语言表达上的艺术拓展,也包括戏剧艺术在审美张力上的深度探索。观众从中看到了后现代戏剧的审美追求:艺术的不确定性及其所折射出的哲学思考。北方昆曲剧院推出的"观其复"系列小剧场昆曲作品《怜香伴》《玉簪记》《墙头马上》《望江亭中秋切鲙》等,特别留意小剧场的规制,不断调整戏剧节奏,使之更加符合现代观众的审美:时间不超过90分钟,每5～10分钟为观众制造一次大小不一、形式有别的艺术惊喜。这种惊喜促使观众有一种没看够、看不够的欣赏心理,从而更加吸引年轻观众特别是看戏不多的都市新观众走进剧场。

综上所述,北京的小剧场艺术为首都观众提供了更多形式新颖、内容饱满的艺术作品,这种以鲜活的、新颖的方式去传递内容、意义、语言和音乐等核心艺术元素的存在,体现了人们对美好生活的向往与追求。不仅如此,各个小剧场还在不同的文化维度上探索着服务首都市民精神文化需求的创意之路。繁星戏剧村建立的"场制合一"及"多厅驻场演出"的方式,实现了以剧场为基础,将剧目创作与制作、演艺经纪、市场推广、剧院管理融为一体进行整体市场运营。国家大剧院走小剧场企业化经营模式,并在其组合模式的节目矩阵中,不同的艺术门类采取不同的经营方式,如场次取舍、艺术门类选择和侧重等,这些有益的艺术探索不仅吸引了大批年轻观众走进剧场,而且对高龄知识分子观众也有着强烈的吸引力。从某种程度上可以说,小剧场是首都文化灵动而鲜活、强劲而勃发的一个侧影。

二、日渐勃兴的创意产业

近年来，北京市立足"四个中心"城市战略定位，大力发展文化创意产业，增强文化创新活力，不仅发挥了首都作为全国文化中心的示范作用，而且在多项特色领域中取得了重要突破。这些突破不仅体现在产业的量与质、规模和格局上，而且体现在时代变迁与供需关系上。

（一）总体态势稳定向上，引领示范作用得以凸显

2005年，北京市提出将文化创意产业作为首都经济未来发展的重要支柱产业，相继出台一系列政策措施促进文化创意产业发展。随着多家国有和民营文化企业相继上市，文化创意产业对首都经济发展的贡献持续提升。

《中国文化产业高质量发展指数（2019）》显示，北京市在文化产业高质量评估指标中综合排名全国第一，在社会效益、经济效益、空间要素等方面居于领先水平，在版权交易活跃度、文化作品产出率两项指标中排名第一，人力资源产出水平、固定资产利用率、创新业态产出水平3项指标排名第二。这些指标以投入水平和产出品质为基本模型，包含主体结构、人才供给、资本规模、资源环境、社会效益、经济效益、创新效益、溢出效益等八大维度。北京也汇集着全国最多的文化创意产业大型科技公司，集聚优势明显。2019年底，光明日报社和经济日报社联合发布第十一届"全国文化企业30强"名单，北京市上榜6家，在全国各省（区、市）中遥遥领先，而这也仰赖于北京对文化产业发展的极大支持。北京市文化产业的主要亮点集中在游戏、动漫以及短视频领域，游戏和动漫不仅产值在全国领先，而且产业覆盖世界100多个国家和地区，抖音、快手、西瓜视频、火山小视频等播放量排名前列的产品大多诞生于北京。由此可见，北京文化创意产业在示范和引领文化创意发展方面效果突出，而且极具特色。

与引领性相伴而生的是产业参与主体的蓬勃发展。因为产业趋于专业化、数字化、移动化和参与化，产业经济的发展变化必然带来参

与主体的变化，比如对价值理念、思想素质、文化自信等方面的培育与影响等。因此，在产业领域、技术领域和创意领域，文化创意产业主体的影响越来越深广。比如以中关村为代表的数字科技人群的聚集，使得数字技术与数字内容不仅体现在产业上，而且深刻地影响到人才类型的培育和教育内容的重构。目前，北京着眼于产业发展的需求，越来越需要跨界人才和专业细分人才的协同发展，越来越需要硬科技与软科技、科普探索与宣传推广等相关工作的跟进。对于普通市民而言，则是体现在对这些创新创意的充分享用和不断互动上。像"朝阳群众""西城大妈""海淀网友"等IP的形成与打造，就很好地彰显了群众对创意文化的积极态度，他们在快手、抖音等社交媒体上高辨识度的良好形象，不仅营造了活跃的文化氛围，而且强化了文化品牌认同。

（二）产业规模增速快，产业格局多元化

改革开放40多年来，北京市文化创意产业已成为新时代推动首都经济社会高质量发展的重要引擎。据初步测算结果，2017年北京市文化产业实现增加值2700.4亿元，是2004年的7倍，13年间年均增长16.1%。2017年，北京市文化产业增加值占全市地区生产总值的比重为9.6%，比2004年提高了3.2个百分点，比全国高5.4个百分点，文化产业增加值占地区生产总值比重居全国首位。

高校师生积极参与北京文化创意产业也是一大特色。以北京高校从事文化创意产业教学的教师为例，他们每人每年参与各种文创活动不少于5次，特别是北京文博会、京交会为大家开阔视野、搭建平台等方面做出了积极贡献。

2016年，北京文化创意产业格局中，软件、网络及计算机服务产业收入达到7010.7亿元，占创意产业总收入的39.2%，是文化创意产业中的鳌头。以文化用品、设备生产销售为主的其他辅助服务以及广告会展两个细分产业的收入比重均超过10%，是文化创意产业发展的第二梯队。旅游休闲娱乐、艺术品交易、新闻出版、广播影视、设

计服务等细分产业的收入占比均低于10%，为北京文化创意产业发展的第三梯队。细分产业收入情况，除新闻出版业外都实现了稳步增长。从业人员方面，其他辅助服务、艺术品交易业从业人员增长较为明显。资产方面，设计服务、其他辅助服务、广播影视、软件网络计算机服务、艺术品交易、广告会展等细分产业增速较快。

多元的产业格局催生了多元的文化类型，其中，二次元、COSPLAY、饭圈文化等亚文化群体的迅猛发展，很好地体现了年轻一代的理念、审美及价值判断。随着产业的多样化，文化类型也呈现出诸多新特点，比如沟通与分享、社群文化与虚拟之光、泛娱乐化与ACG[①]消费等。

（三）文化创意产业园区聚集效应凸显

经济新常态背景下，各行各业都面临着转型升级的巨大挑战，基于此种现状，很多文化企业选择抱团取暖，以文化创意为归旨进行融合发展，创建多个文化创意产业园区。文化创意产业园区的真正创意，在于彼此施加作用力，相互补充并促进。作为一个城市有代表性的文化地标，文化创意产业园区的聚集效应能够形成城市合力，进而共同讲好城市故事、北京故事或首都故事。

北京的文化创意产业园区主要由老旧厂房改造而来，作为平台吸引游戏动漫、广告设计、艺人经纪、影视后期、音乐演出等众多企业入驻，更好地发挥聚集优势、拓宽文创产业外延、创新相关文化服务等。

文化创意类企业入驻园区，除了形成良好的文化氛围外，还可以进行优势互补，形成完整的产业运作链条，推动文创产业园区高质量发展。当前，北京正处在由城市发展转向首都发展的关键节点，面临从集聚资源求增长到疏解功能谋发展的深刻转型。文化产业作为一种低碳、绿色的产业门类，契合首都城市转型发展与经济结构调整升级

---

① ACG，Anime（Animation）、Comic、Game的统称，即动画、漫画和游戏的总称。

的历史趋势，不仅是全国文化中心建设的重要方面，还是"疏解整治促提升"中"提升"篇章的关键一环，更是增强百姓文化获得感和幸福感的重要途径。①以美术馆后街的七七文创园为例。该文创园占地面积不大，但是很好地发挥了文化创意产业园区的聚集效应，吸引了戏剧、影视、设计、出版等多家企业入驻，而且成为一大批热爱戏剧、艺术的小伙伴的情感皈依之地。他们在这里寻找创意、相遇知己，共同实现心中的梦想，为北京的文化生活增添了美和诗意。

三、社交性的网络文化

技术的发展不仅改变着人们的生活方式，而且影响着人们的思维方式和价值观念。互联网的迅速发展，深刻地反映了技术的影响性。随着微博、微信、抖音、快手等社交媒体平台的快速发展，网络文化的社交性更加凸显，并形成独具特色的新兴产业，如电竞产业、网游产业等。与此同时，社交性的网络文化在体验性、互动性和共享性等方面也展现出新的光彩。

（一）以消费者体验为中心

随着互联网的发展，各种应用在移动终端普及，使用户体验成为企业增强竞争力的关键，移动终端产品和消费者的关系越来越密切。这让互联网企业特别是平台类企业更加重视对消费者需求的尊重。在互联网思维席卷下，微信、微博、短视频等互联网当红企业从过去以产品为中心转向以消费者为中心。对用户体验尊重的最大化更加直接地体现在互联网企业对大数据的分析和利用上。业内人士认为，各大互联网公司，包括网络游戏公司和短视频公司，对不断生成的用户数据进行收集整理和分析，可以更好地了解消费者消费习惯和消费心理，并在此基础上生产出更受市场和消费者欢迎的文化产品，在后续

---

① 曹珊、王琢：《北京顺义文化创意产业空间优化策略研究》，《城市规划》，2019年第6期。

的产品开发上与消费者需求更加贴近。

（二）电子竞技形成新业态

2018年是中国电竞的丰收年，电竞产业已经形成了以赛事和直播为核心的新的产业链。通过线下电竞场馆逐步布局，电竞从直播到赛事的每一个环节都紧密连接。2018年，北京动漫游戏产业协会、中国文化产业发展集团、国美零售、完美世界等业内领先机构共同发起成立了"北京动漫游戏产业协会电竞产业联盟"并落户亦庄。京东、苏宁、新浪、完美世界、英雄互娱等众多上市公司的资本都在加速布局，改进着电竞产业的生态与发展方向。2019年，北京电竞用户持续增长，且体现出年轻、学历偏高、收入偏高等特点。"电竞＋线下场馆""电竞＋直播经济""电竞＋周边衍生""电竞＋城市名片"等发展潜力巨大。

（三）动漫网络游戏亮点突出

中国网络游戏行业2005年开始进入快速增长期，《传奇》《梦幻西游》《大话西游2》《魔兽世界》《征途》《问道》等是其中的代表。在网游产业整体发展的过程中，北京网游的突出亮点如下：

政策扶植力度强。21世纪以来，北京市陆续推出一系列产业政策，加大对原创与核心技术的扶持力度，推动了北京动漫的发展，产量保持在全国前列，优秀原创作品不断涌现。

产业规模不断壮大。2014年北京网络游戏产业规模为370亿元，2018年总产值达710亿元，是2014年的1.92倍。原创研发动漫游戏企业出口产值大幅增长，2018年达到182.47亿元，比2017年增长57%，为北京的文化创意产业做出了巨大贡献。

精品产出幅度高。《西游记之大圣归来》创造了9.56亿元的票房，创造了中国动漫电影票房的奇迹，并远超当时引进的外国动漫。《画江湖之不良人》作为网络动画的代表，在青少年群体中引起巨大反响。2018年7月，由文化和旅游部颁布的动漫领域最高奖——中国文化艺术政府奖第三届动漫奖上，《大鱼海棠》等5个项目斩获最佳动漫作品奖等奖项，占全国奖项的1/4。

海外市场不断攀升。从2008年起，国内自主原创游戏海外出口量继续保持高速增长，不仅出口总额保持快速增长势头，产品数量和质量方面也取得了明显优势。2013年，北京网络游戏产业海外销售额已超过2亿美元。2014年到2018年5年增长433%，产值达到182亿元。

网络游戏作为一种新型的文化产品，之所以能取得骄人的成绩，与北京的网络游戏生态有很大关系。这不仅反映出网络游戏作为北京文化消费新的增长点的潜在实力，而且预示着网络游戏与网络教育一样，将对北京网络生态、网络技术产生巨大而深远的影响，进而影响影视、动漫、广告、设计、音乐等传统文化娱乐领域。当然，网络游戏的发展也产生了一些负面影响，如青少年沉迷网络世界、用户权益得不到保障、低俗内容屡禁不止等，这些都是不可回避的重要问题。但总的来看，网络游戏发展前景可观，它是社交性网络文化的一种体现，必须加强研究并有效引导，方能更好地发挥其作为文化创意产业的积极作用。

第三节　在传承中创新文化生活

传承与创新是文化的永恒主题。没有创新的传承是一潭死水，没有继承的创新则是无源之水。从城市建设、文化发展方向和创新创意的整体趋势看，传统是创意的根基。特别是对于北京这样一座文化基础丰厚的城市而言，文化古都与智慧城市的碰撞是"文化+智慧"的创新体现；非物质文化遗产的勃兴不仅能激发传统活力，而且为创新奠定了更坚实的基础；设计是创新的重要组成部分，而且是结合实际生活的创新创意，是在百姓日用而不知的情况下浸润和影响人们生活理念的美好生活的重要组成部分。

一、文化古都与智慧城市的碰撞

悠久的文明传承给北京带来了丰富的文化资源，但传统的文化资源不一定符合现代人的审美品位，终究需要从历史与现实的交锋、融合中寻找到自身独特的"魂"。文化古都在历史积淀的基础上，如何实现自身文化审美的现代化，北京的智慧城市建设探索是答案之一。

（一）名城保护中的创新创意

北京是一座拥有3000多年城市史和800多年都城史的历史文化名城，漫长的历史和多种文化的碰撞与交融使这座城市在历经磨难的同时，也为后世留下了丰富、宝贵的历史文化遗产。在建设首善之区的过程中，文化名城在气势上起到文化引领、文化发展的风向标作用，在功能上实现文化交流的枢纽功能，在风格上体现兼容并蓄的精神。贯彻整体保护思维，历史文化名城保护格局不断完善。2018年2月，北京市政府公布《第九批文物保护单位保护范围及建设控制地带名单》，包括32项新划定的文物保护单位保护范围及建设控制地带，历史文化街区从原来的20.6平方公里扩大到23.6平方公里，占老城比例的37.8%。与此同时，名城保护还开展了数字化工程，各大文博单位自身数字化场馆建立、AR技术大量应用，实现了传统与当代的对接、包容与创新的共振。

（二）"五位一体"的社区建设

2019年，北京市有常住人口2153.6万人，其中常住外来人口745.6万人。人口构成的复杂性决定了北京文化氛围的复杂性。因此，以社区建设为基础进行新的构建，是智慧城市建设的一个重要组成部分。顶层设计逐步体现出对多元人口结构下文化多样性的肯定，核心文化图谱的勾勒日渐形成。结合北京建设"宜居城市"的整体构想，"五位一体"的社区建设是智慧城市建设的题中应有之义。核心理念包括5个方面：以人为本的人文社区、便捷开放的智慧社区、低碳环保的生态社区、激发活力的创意社区、和谐美好的幸福社区。这种创新理念是把人的生活与城市建设、文化元素、信息科技、生态保护等和谐地统一起来，如北京的当代MOMA社区，已经很好地体现了"以人为本、以文化人"的共享理念。

（三）打造世界城市新形象

纵观全球各大城市的发展历史，无一例外占据了文化创新创意的制高点。北京从建设世界城市的高度加快实施"人文北京、科技北京、绿色北京"的发展战略，以更高的标准推动首都经济社会又快又好地发展。文化人才是文化发展和城市建设的第一要素。北京有近百所高校，各类文化及相关专业的毕业生资源丰富。在人才支撑世界城市建设的过程中，北京逐步落实人口政策、创业政策、扶植政策和就业政策，实现把文化人才转化为文化生产力、把"就业"转变为"创业"的人才计划，体现了"爱国、创新、包容、厚德"的北京精神，为提升全体市民的城市荣誉感和归属感奠定了良好的基础。

二、让传统活起来的非物质文化遗产

文化遗产有物质的载体，更有无形的精神，二者有时介体不同，有时又一体两面。物质文化遗产以物存世，较早地得到了我国文化研究领域的重视与保护；非物质文化遗产则无形抽象，在我国被重视的程度一直不够。2001年5月，联合国教科文组织宣布第一批"人类口头和非物质遗产代表作"，19项代表作获得通过，中国昆曲入选。自此，中国的非物质文化遗产保护工作逐渐被提到议事日程上来。如今，我国的非物质文化遗产保护工作已经走过了20个年头，在这20年里，我们见证了非物质文化遗产保护的萌芽、发展以至兴盛，更目睹了在此过程中，古老的传统被创新手法救活而绽放光彩。

（一）顶层设计助力非遗复兴

众所周知，文化是人们的生活方式与生产方式，体现着一定的差异化与特色化。其中，非物质文化遗产是已经被价值衡量之后的传统文化，具有较强的地域标志性与民族标志性。非物质文化遗产日渐被广大民众认知和喜爱，顶层设计起到了巨大的推动作用。2013年是联合国教科文组织《保护非物质文化遗产公约》颁布的第十年，作为缔约国之一，我国政府依据我国国情，以传承人为核心，以持续传承为重点，以保护文化多样性并促进各民族、社区、群体和个人间的相互理解、尊重和可持续发展为目的，政府主导，民众参与，扎实推进，走出了一条适合中国国情的非物质文化遗产传承保护之路。北京市根据国家非物质文化遗产保护工作的精神，相继出台《加强非物质文化遗产保护传承扶持办法》（2012）、《北京市非物质文化遗产保护专项资金管理办法》（2015）和《北京市非物质文化遗产条例》（2019）等政策文件，为传承前人智慧、赓续文化薪火、丰富文化多样性，做出了应有的贡献。特别需要强调的是，顶层设计考虑到非物质文化遗产保护工作自下而上的民主性，避免了以往工作中重"物"不重"人"的简单操作行为，将专家学者的意见作为重要的参考因素列入非物质文化遗产的保护工作中。当下，在政府主导、专家学者献计献策、普通民众广泛参与的情况下，非物质文化遗产保护工作得到蓬勃发展，其间，顶层设计依然在发挥着重要的指导作用。

（二）建立健全保护体系与保护机构

抢救和保护非物质文化遗产是一项程序繁杂、规模浩大的文化工程。为更有效地实施保护工作，我国采用"四级名录"的保护体系，即对全国的非物质文化遗产项目进行普查，并在普查和科学认定的基础上，建立起国家、省、市、县四级非物质文化遗产名录体系。非物质文化遗产的重要特性之一是活态流变性，因此，对非物质文化遗产传承人的认定和非物质文化遗产项目的保护，必须实施动态管理与活态保护。到2020年，北京市共公布了4批（280人）市级非物质文化遗产传承人和4批（251项）市级非物质文化遗产代表性项目名录，均以动态管理与活态保护的方式被认定与保护（详见表2、表3）。为更有力地保护各级非物质文化遗产项目与非物质文化遗产传承人，北京市政府建立了相应的保护机构，以便落实保护单位与主体，确保每个濒危项目后面都能有保护主体与智力支撑。2006年9月14日，北京非物质文化遗产保护中心成立，它标志着北京市非物质文化遗产保护工作向着不断完善机构、健全机制、科学组织、规范管理、有效保护的目标迈进。

表2　4批北京市级非物质文化遗产项目代表性传承人情况

时间	名称	数量
2008年5月14日	首批北京市级非遗项目代表性传承人	94
2008年12月30日	第二批北京市级非遗项目代表性传承人	65
2011年11月9日	第三批北京市级非遗项目代表性传承人	46
2015年9月25日	第四批北京市级非遗项目代表性传承人	75

表3　4批北京市级非物质文化遗产代表性项目名录及第5批推荐项目情况

时间	名称	数量
2006年11月19日	第一批市级非物质文化遗产名录	48
2007年6月20日	第二批市级非物质文化遗产名录	105
2009年10月12日	第三批市级非物质文化遗产名录	59
	第二批市级非物质文化遗产扩展项目名录	4
2011年11月9日	第四批市级非物质文化遗产名录	28
	第三批市级非物质文化遗产扩展项目名录	6
2013年12月19日	北京市人民政府关于同意增补同仁堂安宫牛黄丸传统制作技艺列入北京市级非物质文化遗产代表性项目名录的批复	1
2020年11月20日	第五批市级非物质文化遗产名录（推荐项目）	53

（三）保护方法的不断探索与有效实施

北京非物质文化遗产项目的丰富性，决定了保护方式的多样性。专家学者在实地调研、国外比较、学理探析与文化比对的基础上，确定了抢救性保护、原真性保护、多样性保护、整体性保护与生产性保护等保护方法。诚然，有的项目，需要各种方法的共同使用；而有的项目，则要以一种保护方式为主。整体来说，遵循非物质文化遗产项目自身的衍变规律，是采用不同方法的首要前提。近几年，在所有的非物质文化遗产保护方法中，"生产性保护"是被炒得频率最高的"热词"，这是非物质文化遗产保护方法的一种创新。以吴裕泰茉莉花茶窨制技艺为例，这一技艺既具有文化价值、审美价值与历史价值，也具有科学价值与经济价值，在继承传统制作技艺的过程中，传承人不但传承了历史与文化，也体现了技艺本身的独特魅力。因此，对其采用生产性保护与其他保护方法相结合的保护方法，可以取得事半功倍的效果。

三、设计让生活更美好

设计是人类特有的一种创造性实践活动，其发展史就是人类创造历史的过程。现代设计虽有百余年的历史，但在中国的发展主要集中于改革开放后。20世纪80年代初，得益于商品经济发轫，设计行业率先得到发展，产品设计、建筑设计、广告设计、服装设计等设计类型逐渐完善并迅速发展。直到40年后的今天，设计行业的创新创意依然较其他门类在规模上占有优势，北京的情况更是明显领先于全国。

（一）为"中国制造"注入更多"中国创造"内涵

在我国，传统的粗放型经济制约了中国设计的精细化与完美度，"中国制造"闻名世界，但"中国品牌"仍在努力建构中。近年来，北京更加注重创意设计在产业结构优化升级与经济高质量发展中的作用。创意设计产业的发展水平正影响着"中国制造"向"中国创造"的迭代转型和产业升级。

（二）设计的无所不在与无所不能

人类所创造的世界是一个文化的世界，文化是协调人与自然、人与人以及人与社会关系的媒介。设计与文化的联系是通过"人"这一文化主体来实现的，广大受众生活在特定的文化环境中，受文化的熏陶而表现出不同的倾向性。北京设计以文化为生长点、以科技为驱动力、以消费为突破口，在城市发展、设计文化与经济建设、市民生活共融共生等方面创造了诸多奇迹。以广告设计为例，目前已设计出数以万计的无所不在、无所不能、无所不需的创意产品。此外，在立足自身文化资源，激活传统文化活力方面，故宫的创新创意举措已呈现出势不可当的力量。至2020年底，故宫元素文化创意产品已累计近万种，销售额超过10亿元。

（三）打造后来居上的世界"设计之都"

"设计之都"不仅仅是一个称呼、一个符号，更是综合评价一个城市在创新创意上的重要指标。2012年，联合国教科文组织授予北京"设计之都"的称号，这是继柏林、蒙特利尔、名古屋、上海、深圳等城市之后，全球第十二个被授予"设计之都"的城市。与深圳、上海相比，北京起步较晚，但措施实、力度大，文化内涵丰富、自身特色凸显。具体表现在：（一）设计产业发展迅猛，成为北京新的经济增长点。2016年，北京共有专业性设计机构（法人单位）2.3万家，从业人员达25万人，收入超过2000亿元。2011年至2016年，北京设计产业年平均增长超过11%，高于GDP增速5个百分点，人均创造收入100余万元。2017年，北京设计产业收入超过2800亿元，82所高等学校开设设计专业，全市认定"设计之都"产业园区30个，认定218家北京市设计创新中心，其中洛可可、东道、阿尔特等6家企业被认定为国家级工业设计中心。[1]（二）强化设计与科技、文化、旅游等其他行业的融合，打造"设计+"创意蓝图。"红星奖""设计猫""私人定制出版"等一大批科技与文化融合的活动与产品融入普通大众的日常生活。"北京国际设计周·设计之旅"成为北京特色文化旅游品牌，2016年拉动项目投资超过4亿元，文化旅游与设计消费总额逾20亿元。[2]（三）不断融入全球创新网络，强化辐射带动力。举办北京国际设计周、北京文博会等国际设计活动，吸引全球数万名设计师参与或加盟。创建国内首个设计交易市场，打造国际化交易服务平台。中国设计红星奖连续多年成为全球参评数量最多的国际设计奖。全球首个联合国教科文组织国际创意与可持续发展中心在首都北京落户，强化了对周边及全国设计产业的辐射带动力。

---

[1] 师毅、张闻素：《北京设计之都核心区：设计＋的创意蓝图》，《中关村》，2019年第12期。

[2] 柯文：《北京"设计之都"建设创出新天地》，《科技日报》，2016年11月18日。

第六章

渐成时尚的休闲生活

休闲是社会和经济发展到一定阶段的产物，休闲生活是人民美好生活的重要组成部分。党的十九大报告指出，我国社会主要矛盾已经转化为人民日益增长的美好生活需要和不平衡不充分的发展之间的矛盾。从1949年中华人民共和国成立至2019年的70年间，北京市人均GDP从大约60美元增至2万美元，位居全国31个省、自治区、直辖市第一位，标志着北京推动高质量发展达到新水平和新阶段。尤其是改革开放的40多年间，物质财富的极大满足促使人们渴望追求充实的精神生活，人民对美好生活的新期待为休闲生活拓展了空间，也对高质量发展提出了新要求。北京市民对休闲文化生活的多样性需求日益增加，休闲生活逐步由单一走向多元，渐成时尚。休闲已经成为北京市民生活方式的重要内容，并渗透到社会生活的各个方面，对提高人民群众的生活质量和幸福感具有不可替代的重要作用。

第一节　方兴未艾的都市休闲

休闲经济是建立在休闲的大众化基础之上，由休闲消费需求和休闲产品供给构筑的经济。休闲产业的发展有利于国民经济的全面发展，有利于国家竞争力的增强，也有利于国民生活质量和人力资本水平的提高。北京在生产、消费以及居民的时间分配等方面，已经显现出休闲的经济特征，作为国际化大都市，将率先进入休闲经济时代。[1]

一、休闲需求的日益旺盛

中华人民共和国成立初期，由于收入水平有限，北京居民的消费水平较为低下，食物和衣物等基本支出的比重相对较高，只能满足于获得以食物为代表的基本生活物资，人们对于休闲的认识持有消极态度。1978年以后，随着改革开放的深入，劳动生产率获得极大提高，北京市居民的人均GDP从1978年的1257元提高到1992年的6458元，是1978年的5.14倍。收入水平快速提高，公共文化基础建设初见成效，北京居民初步具备丰富休闲行为的物质基础。人们越来越追求生活的品质，更愿意花费时间和精力去休闲，休闲意识逐渐增强，休闲需要逐渐增长。1986年《全国年节及纪念日放假办法》中规定了每年59天的法定假日，直接促进了休闲方式的变革，但在这一阶段，北京居民的休闲活动还比较单一，基本由单位和集体统一组织。

随着社会主义市场经济的建设和发展，我国的劳动生产率不断提高，在改善人们物质生活条件的同时，也改变着人们的休闲方式。1995年，北京市服务业比重超过50%，标志着北京市已经发展成为以第三产业为主的服务经济城市。也正是自1995年起，中国开始全面实行双休制度和带薪休假制度，北京居民休闲生活发生重要变革，

---

[1]　王琪延：《北京将率先进入休闲经济时代》,《北京社会科学》, 2004年第2期。

现代形式的休闲开始真正走进国人的日常生活。1999年10月，我国启动实施"五一""十一""春节"3个"黄金周"长假制度，北京居民休闲活动因休假制度的改变而有了时间保障，休闲时间不断增加，休闲逐渐成为北京居民生活的重要内容。同时由于社会生产力的快速发展，使得首都北京的休闲产品日趋丰富，增加了居民的休闲选择，休闲效率得到提升。

2005年，国家取消"五一黄金周"后，有关休假、休闲的政策开始密集出台，国家对公众假日制度的重视程度与日俱增，合理享受休闲成为一种生活态度，收入水平的提高和休闲时间的增加共同催生了旺盛的休闲需求。随着休闲供给的日渐多样化，北京居民的休闲文化生活多样化格局逐渐形成和丰富。新的社会阶段不断提升休闲生活的品质，休闲已经成为一种现代生活理念和生活方式。

二、大众休闲健身运动蓬勃开展

改革开放以来，北京市在竞技体育取得历史性跨越的同时，物质生活水平的不断提高使得大众健身休闲运动蓬勃发展。随着一系列全国性和国际性体育运动会在北京市举办，特别是1990年北京亚运会和2008年北京奥运会的成功举办，在带动竞技体育运动发展的同时，也掀起了大众休闲健身运动的热潮。2020年初，突如其来的新冠肺炎疫情让人们更加注重身体健康，运动健身成为当代社会最流行的休闲活动，不断引领北京人的生活潮流。

（一）强身健体成为行动自觉

中华人民共和国成立初期，北京市体育场地及设施十分有限。20世纪50年代，北京市体育场馆不足百个，90年代中期已经达到千余个。1988年10月，西城区德胜门街道办事处率先在全市开展社区体育活动，成立了"社区群众文体工作委员会"，这标志着北京市群众体育由单纯的行政管理向多元化渠道管理的转变，开始允许社会力量和群众自办体育。此后，社区体育逐渐发展，各种体育俱乐部开始出现。

北京市民积极响应号召，健身活动开展得如火如荼。1995年，北京市政府开始倡导"全民健身运动"，每年举办一次"全民健身周"活动，市民的健身意识大大增强，强身健体逐渐成为人们的自觉行动。北京市民愿意"花钱买健康"，把健身开支列入家庭计划的人渐渐多了起来，健身器材逐渐进入家庭。到2001年底，北京市健身器材的家庭拥有量为1.05%，健身器械市场也已形成规模。随着健身运动场地与空间的持续增加，北京市民健身意识显著增强，休闲体育和娱乐体育逐渐成了群众体育的主流，并表现出强劲的发展势头。这一时期，在健身运动的热潮中出现了健身运动娱乐化的趋势，以及休闲娱乐的康体化趋向，健身中心如雨后春笋般涌现，深受广大居民欢迎。体育健身活动逐步由传统的健身向趣味性、社交性健身发展，人们更注重健身中的休闲娱乐性。体育健身方式也由改革开放之初的球类、踢毽子等项目，发展到20世纪90年代的飞碟、台球、健美操、保龄球和呼啦圈等活动项目，再到21世纪的趣味篮球、游戏高尔夫、水上娱乐项目、射击娱乐项目以及老年人流行的健身秧歌和健身交谊舞等娱乐休闲健身项目。

随着1995年《中华人民共和国体育法》和《全民健身计划纲要》的颁布，北京市也出台了一系列法规、文件，推进构建并完善全民健身公共服务体系。《北京市体育设施管理条例》《体育生活化社区建设规范》《北京市全民健身实施计划（2016年—2020年）》《北京市体育特色乡镇标准》《北京市星级全民健身团队评定与奖励办法》等一系列法规和文件相继出台。《北京市全民健身条例》于2005年12月1日通过，2006年3月1日起施行，2017年1月20日修订实施，为北京市民开展健身活动提供了依据和保障。北京市积极打造全民健身活动品牌项目，自1997年起每两年举办一届全民健身体育节，至2019年底已成功举办12届，是北京市著名的群众体育传统品牌活动。陆续推出"和谐杯"乒乓球比赛、全民健身"北京纪录"挑战赛等品牌赛事，参与人数已经突破千万人次。北京市体育大会自2009年创办以来，已成功举办10届，项目设置以群众喜闻乐见的赛事活动为基础，不断扩充、丰富，已发展到包括龙舟、钓鱼、数独、花棍等45个体育项目，累积参与健身爱好者达百万人次。2008年后，北京市创新群众体育活动形式，推进"一区一品"群众体育品牌活动创建工作，先后评出一批体现区域特色的赛事活动，如北京国际山地徒步大会、北京平谷国际户外休闲健身大会等。

（二）全民健身与奥运同行

2001年北京申办奥运会成功后，体育设施和体育场地建设步伐明显加快。2003年，全民健身设施覆盖北京市所有街道（乡镇）和有条件的社区。2008年北京成功举办第29届夏季奥运会，实现了中华民族的百年奥运梦想。"全民健身与奥运同行"，这一年北京市体育场馆、游泳馆及各种训练房达到2316个，是2001年的1.6倍，满足了广大城乡居民日益增长的健身需求。2013年第六次全国体育场地普查结果显示，全市共有各类体育场地20075个，是1950年的1056.6倍。全民健身运动蓬勃开展，持续推进群众身边的健身场地设施建设，推动公共设施开放。北京市在2017年新建509片专项活动场地基础上，2018年新建773片专项活动场地，覆盖篮球、足球、乒乓球等运动健身项目，全民健身设施日益多样化。

北京市以打造全民健身体育节、"一区一品"群众体育品牌活动等品牌项目为抓手，开展了丰富多彩的全民健身活动，带动全民健身蓬勃发展。1995年至2018年，北京市开展各类全民健身活动的数量由885项次增加到2.5万余项次，参与活动人数由62.1万人次增加到1139万人次，举办了北京万人太极拳表演、北京国际风筝节、国际体育舞蹈公开赛等品牌赛事和活动。围绕2008年北京奥运会，在喜迎奥运、欢庆奥运、奥运会举办10周年以及自2009年以来每年8月8日的全民健身日这些重要时间节点，举办了一系列全民健身项目展示和活动，市民体质和健身意识大幅提升。

2014年，全民健身设施覆盖北京市所有行政村。2015年7月，北京申办2022年第24届冬奥会成功，成为奥运史上第一个既举办夏季奥运会也举办冬季奥运会的城市。为迎接冬奥会，2018年开始，北京市着手新建8个、改造5个竞赛场馆，北京市人均体育场地面积从1998年的0.9平方米增加到2018年的2.25平方米，全民健身场地设施资源不断丰富，100%的街道（乡镇）、行政村和有条件的社区均建有体育设施，更好地满足了北京市民健身锻炼的需求。冬奥会申办成功激发了北京全民冰雪运动的热情，北京市广泛开展群众冰雪运动，精心打造"北京市民快乐冰雪季"。2018年第四届北京市民快乐冰雪季活动参与人数达502万人次，覆盖人群不断扩大，同时打造京城老百姓"冰雪驾校"，举办一系列冰雪公益体验课，组织10余万"零基础"市民参加冰雪运动。

（三）跳动京城的广场舞

随着市民运动热情的不断高涨，随处可见的社区健身角，以及体育馆、游泳馆、健身房、瑜伽练功馆等，也都成了京城人们热衷的锻炼场所。健身运动已经成为京城高品质休闲生活的重要组成部分，周末在奥林匹克森林公园进行健身跑步的人就超过10万。2015年，北京市就开始实施全民健身消费补助政策，2018年，北京市通过惠动平台发放健身消费补助资金7000多万元，直接带动市民健身消费约3.4亿元，激发了北京市民体育消费活力。

在北京市政府"全民健身运动"的倡导下，随着大众休闲健身运动服务体系和基础设施渐趋完善，北京市民可以根据自己的喜好和条件来选择适合自己的休闲健身运动方式，大众休闲健身活动日益丰富多彩。2018年，北京市共开展各类全民健身活动2.5万余项次，参与活动人数达1139万人次，基层全民健身服务力量不断壮大，公益社会体育指导员人数达5.4万人。尤为火爆的是，近年来广场舞作为一种简单易学、老少皆宜的运动休闲方式脱颖而出，舞遍京城的大街小巷并风靡海内外，掀起了全民健身运动的狂潮。2020年初暴发的新冠肺炎疫情，不仅没有困住北京人的运动健身热情，而且激发了人们对运动健身的关注和热爱，居家运动成为新的健身潮流。

北京马拉松、中国网球公开赛、北京国际长跑节——北京半程马拉松、北京业余羽毛球公开赛、攀登中央电视塔等，这些大型体育赛事的成功举办，对北京建设国际化体育中心城市、打造品牌赛事起到重大的推动作用，也对首都体育产业的发展和体育运动水平的提高起到有力的带动作用。"十五"时期，北京市体育人口达到52.4%，比"九五"时期提高10.6%。"十一五"时期，北京市经常参加体育锻炼的人数达到49.1%，与国际化城市水平相当。"十二五"时期，北京市民健身意识进一步提高，全市达到中等以上锻炼强度的人数近650万人，市民体质稳步提升，体质合格率达到89.2%。"十三五"时期，加强体医融合，推进科学健身与健康生活融合发展，至2020年底，北京市经常参加体育锻炼的人数达到1000万，市民体质合格率超过93%。

三、特色休闲文化活动异彩纷呈

休闲不仅是一种生活方式，更是交流的平台，它给人一种归属感，是"闲""钱""情"之间主动性的结合。随着北京打造全国科技创新中心，共享经济、智慧物流、人工智能、新零售迅速发展，劳动生产率不断提高，劳动时间得以缩短，北京市民主动放下工作回归生活的意愿日趋增强，休闲意愿不断提升，休闲消费成为进一步追求美好生活的需求。

（一）休闲娱乐方式的多样化

改革开放40多年间，北京城乡居民的休闲娱乐方式已从过去简单的看电视、听音乐、种花养草、钓鱼和读书等单调生活变得丰富多彩，影院、茶楼、酒吧、咖啡屋、KTV量贩、书屋、烘焙坊、游戏厅、夜总会、度假村等多种休闲娱乐场所如雨后春笋般呈现在人们的面前。随着个人娱乐休闲意识的日益增强，满足人们个性需求的娱乐项目流行起来，插花、陶艺、刺绣、茶艺、收藏等丰富多彩的休闲活动进入寻常百姓家。文化创意产业的快速发展也为居民提供了丰富多彩的文化服务，北京城镇居民人均文化娱乐服务支出由2000年的不足400元增加到2018年的1700元。作为个体，北京人的游憩行为也发生变化并出现新的特征，公园已经成为附近居民休闲、娱乐、交流、活动的场所。从2011年开始，北京市现代意义上的城市公园陆续免费开放，截至2016年3月，北京市共有369处公园免费开放，公园的功能出现多元化发展趋势，公益性得到提升。

"文化惠民季"惠及广大城乡居民，文化惠民活动好戏连台。2014年，"首都市民系列文化活动"首次举办，全年组织2万场文化活动，文艺精品层出不穷，通过歌唱北京、舞动北京、戏聚北京、艺韵北京、影像北京和阅读北京六大板块活动，打造具有北京区域特色的品牌，满足广大市民的不同需要。2013年至2016年举办的4届北京惠民文化消费季，消费人次从2654.3万增加到7776.2万，消费规模从52.3亿元增加至160.8亿元。

随着北京城乡居民文化消费需求的升级和消费结构日益优化，品位高、覆盖广的文化产品和文化服务开拓了人们休闲生活的视野，休闲娱乐的生活内容更加丰富多彩。2018年，北京市文化和娱乐类消费总规模1628.2亿元，同比增长10.8%。高品质的休闲文化生活，已经成为北京广大居民美好生活的重要组成部分，渗透到生活的方方面面，正在日益提升北京人的生活质量和文化的获得感、幸福感。

（二）互联网时代的消费需求升级

20世纪90年代末以来，互联网作为继报纸、广播、电视之后的新兴媒体在我国迅速兴起，互联网的使用和普及不仅仅是媒体的变革，更是推动社会进步和改变社会生活的重要力量。随着互联网的广泛普及，互联网时代应运而生，以计算机和移动设备为载体的人工智能化时代随之到来。北京是中国互联网发展最早、最发达的地区，成为当之无愧的"网络之都"，计算机、移动电话和网络日趋普遍化，"互联网+"新兴业态兴起，线上购买成为人们新的消费习惯。2012

年至2018年，北京城镇居民家庭每百户移动电话拥有量220～229台，计算机拥有量100～114台。互联网为北京居民休闲提供了快捷方便的媒介，日常的购物、娱乐、出行等活动日趋电子化、便利化，极大地满足了京城百姓日益升级的多元化消费需求，对休闲方式的变革起到了推波助澜的作用。

2016年，北京市试点推出了1000万元的惠民文化消费电子券，拉动消费超过6700万元，实际惠民2000多万元，带动社会消费超过6亿元，受到各界好评。2017年，北京市继续扩大惠民规模和范围，发放5000万元电子券，用于补贴消费者在戏剧演出、图书音像、电影观映、文创衍生、文化旅游、文化娱乐、文化体育七大领域的文化消费。基于互联网技术的云计算、物联网、大数据等新一代信息技术逐步渗透到各行各业，移动支付更加便利化、快捷化、易操作化。互联网消费规模迅速扩张，2017年，北京市限额以上批发零售业网上零售额为2371.4亿元，是2014年的1.6倍，城乡居民消费方式发生了巨大变化，由线下消费逐步转为线上线下同步消费，且线上消费趋势越来越明显。"互联网+"宣传助力夜间消费，充分激发了游客的夜间消费活力，通过抖音等短视频平台加大对夜间消费活动的宣传，让居民了解夜间消费除了吃和逛，可以有更多选择。采购渠道便捷多元，网购新零售势头高涨，科技进步推动休闲生活方式不断创新，北京城乡居民在休闲消费中变得越来越个性化，越来越成熟。

2020年初，突如其来的新冠肺炎疫情，催生壮大了京城的生鲜电商、在线教育、远程医疗等线上新型消费模式，线上消费持续升温，直播带货成为新热点。绿色、智能、健康类的商品在线销售红火，一些电商平台与中华老字号商家联合起来，打造专供商品，销售量成倍增长。北京市推出"老字号"的直播专场，开展云逛吃、云探店等活动，扩大老字号品牌影响力，促进市场消费快速回升。通过积极培育新型消费，北京市推进线上线下深度融合，支持线上经济、平台经济有序发展，消费升级趋势明显，宅经济逆市上扬，数字经济这一经济发展的新引擎在特殊时期展现出了强劲的活力。

（三）公共文化服务为休闲生活加码

改革开放以来，北京市各区县图书馆、文化馆建设得到发展，文化设施建设逐渐向基层尤其是农村进一步扩展。陆续建成一批大型文化设施，如东城区文化馆、丰台文化活动中心、中山公园音乐堂、世纪坛等。步入21世纪后，一批水平较高的基层文化设施陆续建成并投入使用，例如首都图书馆、北京数字出版信息中心等。为方便市民生活，北京市建成一批文化广场，在社区开辟大量小型的文化活动场所，随着场地的扩大，灯光、音响、演出设备、流动舞台等现代化的文化活动设备也逐渐配备完善。硬件设施的建设完善提高了广大市民文化活动的质量，为文化休闲活动的健康发展提供了可靠的物质保障，也不断培育和壮大了业余文艺队伍。

2013年以来，北京市经济社会步入高质量发展阶段，不断完善现代公共文化服务体系建设，增加优质公共文化产品和资源供给，均衡共享的公共文化服务，为休闲生活持续加码，进一步提升市民休闲生活的品质。北京市涌现出一批具有行业特色、地方特色和各类不同规模、主题的博物馆、纪念馆，数量持续增长，逐渐成为北京人休闲生活不可或缺的重要组成。1978年，北京仅有各类博物馆和纪念馆15家，至2018年底，北京市免费开放的博物馆、纪念馆已有82家，全市平均每年举办展览600余项，活动逾千次，年服务观众超过5000万人次，形成了"故宫跑""首博热"等各种文化现象。休闲生活越来越注重个性、品质和享受体验，仅2018年，北京市就组织首都市民系列文化活动2.6万场，开展公益惠民演出1.2万场，放映公益电影16.6万场，全市综合阅读率达93.48%。

北京市民对于文化消费的需求越来越旺盛，学习活动成为北京人越来越普及的休闲生活方式。饱含着城市温度的特色阅读空间加紧布局。2018年7月，北京市出台了《北京市关于支持实体书店发展的实施意见》，对实体书店的建设、布局提出非常具体的目标。到2020年，北京将实现"一区一书城"，建成200家标志性书店，打造15分钟公共阅读服务体系。越来越多的北京居民利用节假日读书充电，国家图书馆、首都图书馆、书店等每逢节假日都坐满了阅读者，"24小时实体书店"越来越受北京居民青睐，京华大地书香四溢，北京人的文化消费水平迈上了一个新台阶。截至2019年底，北京市实体书店数量达1200多家，全民阅读基础设施日渐完善，北京人有了更多可供休闲的文化空间。很多书店不仅仅是店，而且是搭建了可以融合多种文化要素的平台，增加了餐饮、文化活动等，通过创意设计等方法打造有特色的阅读空间。新时代休闲文化生活的高质量发展，已经全方位影响着北京人的生活质量、生活方式和行为习惯。截至2018年底，北京市共有图书馆24个，比1978年增加6个，馆藏数6777万册（件），是1978年的4.8倍；博物馆179个，文物藏品463万件，是2008年的1.4倍；影院238家，全年放映电影达到309.5万场次，是1978年的9.7倍，票房收入突破35亿元。在2020年新冠肺炎疫情流行期间，京城的很多博物馆和图书馆服务不打烊，可以在家"云游"，免费观看。随着疫情得到迅速控制和防控形势常态化，遭受重创的京城影剧院也渐渐走出阴霾，观影（剧）人数逐步回升。

伴随着北京全国文化中心建设和非首都功能的疏解，城乡居民对高品质休闲文化生活产品和服务的需求持续增加，北京市加快建设覆盖城乡的公共文化设施网络，文化服务空间持续增加。朝阳区、东城区、海淀区成功创建为国家第一批、第二批、第三批公共文化服务体系示范区。截至2018年底，北京市市—区—街乡镇—社区村四级公共文化设施已达7131个，平均覆盖率达98.85%。"一刻钟公共文化服务圈"在北京市已经成为现实，不断提升居民的文化获得感和幸福感。

第二节 "井喷式"的旅游生活

中华人民共和国成立70多年来，北京的旅游业市场规模不断拓展，大众出游成为日常，旅游产品服务供给体系逐步健全，体验深度和品质均显著提升。旅游业由高速增长向高质量发展迈进，丰富了北京城乡居民休闲生活的内涵，"井喷式"的旅游生活成为人们超越自然、追求人性自由发展的一种手段，不断满足人民对美好生活的向往。

一、城市民俗旅游的兴起

中华人民共和国成立初期，北京最具代表性的旅游服务行当是"三馆"：茶馆、饭馆和旅馆，其中最著名的就是北京的茶馆。早期的茶馆多设在人口稠密的街道和繁华的地方，如位于大栅栏路南的大观楼、杨梅竹斜街的青云阁、中山公园的春明茶馆等。北京的茶馆成为京城一道独特的旅游风景线，更多时候是北京本地居民听书看戏、品茶聊天的休闲娱乐场所。位于市中心的故宫、中山公园、北海公园、先农坛公园等是北京市民常游之处，京郊的颐和园、香山、卧佛寺、八大处等风景区经修整后向市民开放。

改革开放之前，北京市民旅游的广度和深度有限。改革开放以后，北京的传统观光旅游得到恢复和持续发展。20世纪80年代初期，北京开放的各类旅游点有200多处，其中大部分为公园、文物古迹和博物馆，旅游内容和形式比较单一，缺乏多样化的文化旅游项目。80年代中期以后，北京市的文化旅游从传统的观光旅游向休闲旅游转变，并朝着多样化、差异化的方向发展，拓宽了休闲生活的内涵。

北京城市民俗文化旅游于20世纪80年代中期兴起，以区县等各级政府为主体，开发和打造一些新的文化旅游资源，为传统文化观光旅游的发展注入新的动力。阜成门鸟市为老北京"提笼架鸟"的爱好者提供了休闲空间。1984年，龙潭庙会开始举办。1985年，东城区在地坛公园举办了春节文化庙会，包含木偶、宫灯、相声、皮影、评书、象棋等150多项传统民俗活动，产生了很大的社会影响，成了庙会的一个著名品牌。1990年北京亚运会时特地举办了夏季地坛庙会，广受国外游客欢迎。此后，每年举办龙潭庙会、白云观庙会、东岳庙庙会以及厂甸文化庙会等，各种形式的区域性庙会和灯会被打造成为北京城亮丽的城市民俗旅游风景。20世纪90年代初，宣武区成功运作了"天桥乐茶园"，使一些濒于消失的地方剧种和传统曲艺重新获得了一席之地。1995年，北京大观园红楼庙会开始举办，成为京城春节期间的四大庙会之一。这些都体现了城市民俗在北京旅游市场中的地位日益提升。

二、"体验式"旅游的发展

随着改革的深化和市场机制的进一步打开放活，北京的文化旅游资源与形式得到进一步拓展，文旅融合逐步推出更多、更新颖的文化旅游项目，全民参与度提高。文化不仅仅是一种可被观看的景观，也可以介入和体验，旅游方式摆脱传统的参观、游览式的框架，出现了更多"体验式"旅游。20世纪90年代中期以后，北京市文化旅游的门类和形式更加丰富，多样化、特色化的文化资源纳入旅游对象。1994年，北京胡同旅游产品上市。"胡同游"传承了中华传统文化和北京古都风貌，带动了一批旅游景点，也为老旧街区和居民带来了经济效益。位于中心城区的南锣鼓巷、烟袋斜街、杨梅竹斜街等老胡同，繁华喧闹中与市井烟火相连，历经几百年的延续发展，成为嵌在北京城的一道道肌理。北京胡同文化发展有限公司推出一整套的"北京胡同游"，中外游客可参与包饺子、吃年夜饭、叙家常等活动，在零距离互动中加深对老北京日常生活的体验。

古都风韵与时代风貌的有机结合进一步带动了北京的城市休闲旅游。古都中轴线南起永定门，北至钟鼓楼，是长约7.8公里的对称轴，见证了北京城的生生不息。在此基础上，北京市文化和旅游局推出首批10条"漫步北京"城市休闲游线路,包括御道漫步——感受中轴线上的皇家礼仪和市井生活;老城新颜——寻觅王府井大街的文化宝藏;旧日慢忆——名家笔下的记忆,漫步北京的文学指南;皇城雅韵——东华门至地安门的中轴线骑行之旅等。这些线路都位于城区,交通方便,多数为开放性区域,适合市民和游客漫步。虽然很多地方听起来熟悉,但发展变化却很大,反映了北京核心区疏解整治和城市更新的最新成果。线路沿线遍布特色商店、餐饮和知名打卡地,更符合年轻人的消费习惯,古都文化和旅游的深度融合焕发出生机,承载着记忆和乡愁的老旧街区正在焕发新时代的独特魅力。2017年,北京40家历史文化观光型景区和30家城市公园型景区接待游客达1.1亿人次[①]。"北京正在成为传统文化与现代文明交相辉映的魅力之城,并朝着世界文化名城、世界文脉标志阔步迈进。"

三、文化旅游结构升级

21世纪以来,北京的文化旅游呈现出结构升级和多元发展的局面。2002年,北京奥运会筹备工作的开始和文化创意产业的兴盛,为文化旅游的发展带来了新范式和新气象,文化旅游的国际化层次和管理水平进一步提升。2018年11月16日,北京市文化和旅游局正式挂牌成立,以文塑旅、以旅彰文,深化供给侧结构性改革,推动文化和旅游深度融合,北京的文化旅游进入一个新的发展时期。

(一)工业旅游的崛起

北京的文化旅游与文化创意产业紧密结合,文创园区与旅游产业融合成为新的旅游热点,旅游资源进一步拓展,文化旅游产品日渐丰富。首钢、焦化厂等工业遗址变身为文化创意产业空间,城市记忆得以保存。首钢早在2000年就推出北京的第一个工业旅游项目,工业

---

① 《改革开放40年,北京的旅游产业到底发生了什么?》,https://www.sohu.com/a/275451873_160257。

文化旅游产生越来越大的社会反响，已经形成"都市工业类""现代制造类""循环经济类""工业遗存开发利用类"等七大类产品，打造了一批具有国际影响的知名景点，越来越多的老厂区变身京城文艺范儿。位于美术馆后街的77文化创意园区，前身是北京胶印厂，2012年，经整体改造和艺术设计，建成以影视传媒为主题的文化创意产业园区。77剧场、排练厅、书吧、咖啡厅等成为老厂房的新主人，这里成为演出、摄影、聚会、沙龙等以及文化名人的聚集地，为来此旅游的游客提供了文化服务的新体验。

2005年，北京市申报了第一批国家级非物质文化遗产名录。798艺术区、宋庄等作为新兴文化创意产业集聚区，成为广受欢迎的文化旅游地。2008年北京奥运会期间，798艺术区接待了大约60个国家的游客，如今798艺术区已经发展成为一个北京特有的文化符号，辐射全国，名扬海外。截至2018年10月，798艺术区有各类机构共511家，其中，文化艺术类机构282家，占总数的55%，包括60余家来自25个国家和地区的境外艺术机构。截至2019年底，北京全市范围内，已转型利用的老旧厂房占地面积超过600万平方米，仅朝阳区就有751、莱锦、郎园等60余家。工业遗存与文化符号相融，为北京这座文化旅游之城增添了新的时代风韵。与此同时，旅游文创产品层出不穷，极具特色的故宫文创、颐和园文创等文创旅游产品深受国内外广大消费者喜爱。以故宫为例，近年来故宫通过新品研发、经营管理、推广营销以及未来产品应用等方面的不断探索和变革，文创产品种类超过1万种，年销售超过10亿元。2018年以来推出的故宫日历、故宫睡衣、故宫口红等产品，备受市场关注。《故宫·上新了》等综艺节目上线，进一步活化了故宫的文化基因。

（二）从乡村民俗旅游到全域旅游

乡村民俗旅游的发展，与北京市的历史文化保护区从城区向乡村扩展有关。自20世纪90年代，北京市及其下属区县就陆续推出内涵丰富的主题活动和推广、宣传促销活动。通过举办大兴西瓜节、延庆冰灯展、门头沟国际风筝节、平谷桃花节、北京国际旅游文化节等活动，采取多种形式的合作与运作方式，激活了文化旅游的管理机制，促进了北京文化旅游经济的发展。2002年，北京乡村民俗旅游开始走上规范化的轨道，为首批民俗旅游接待户颁牌。北京市各级政府着力打造各自区域性的文化旅游品牌，特色更加鲜明，产品更加整体化和立体化。以通州"运河文化"为底蕴的文化产业带，发展成为囊括历史人文遗迹、现代景观遗迹的文化创意产业园区。门头沟永定河文化品牌，陆续推出以潭柘寺、戒台寺、妙峰山为代表的民俗宗教文化游、古村落文化游以及京西古道文化游等。2008年，以周口店古文化为龙头、云居寺经文化为核心、大石窝石文化为支撑的北京房山历史文化旅游集聚区启动。

乡村旅游与文化产业的融合，给文化旅游带来了更具活力的发展前景。2018年12月，文化和旅游部等17个部门联合印发《关于促进乡村旅游可持续发展的指导意见》，进一步激发了北京乡村旅游的潜能，不仅对北京市整体产业体系的建设提供全面保障，而且进一步促进了乡村民宿、农业观光、农业休闲、京郊特产等旅游商品的开发，对于农村精准扶贫开发、振兴乡村和区域均衡发展具有重要的建设意义。北京乡村旅游的发展过程中也伴随着红色旅游的发展。红色旅游作为传承红色文化的载体，近年来在国人文化自信提升的过程中火热起来。北京作为国家首都，同时是新文化运动发祥地、卢沟桥事变爆发地等，当之无愧成为红色旅游最热目的地。根据北京市统计局的数据，截至2018年1月，北京市共有市级评定和授牌的红色旅游景区120个，其中，15个列入国家级景点红色旅游景区名录，数量位居全国首位，"红绿结合"的红色旅游经典线路50条，年游客量超过1.8亿人次。

近年来，北京市统筹全域资源，以旅游带动和促进区域民生、生态发展，并逐步形成首都城市战略定位导向型的全域旅游发展模式，实现全域旅游与美丽乡村建设、乡村振兴的紧密结合，具有良好的示范效应。[①]在全域旅游发展过程中，北京市把经济社会发展同生态文明建设统筹起来，把生态环境保护放在更加突出的位置，在保护中开发，实现绿色增长，形成人与自然和谐发展的现代化建设新格局。北京市昌平区、平谷区、延庆区、门头沟区、怀柔区成为国家全域旅游示范区创建单位。其中，怀柔区以"国际会都"导向型全域旅游为发展模式，以雁栖湖为龙头，突出"山水生态+会议+长城+田园"的叠加效应，有机构建全域旅游空间组合模式、产品组合模式。越来越多的旅游发展红利反哺游客，推动社会公共资源与游客共享。延庆区致力打造"冬奥会、世园会与国家全域旅游示范区"，延庆城区公共开放空间全部免费开放，包括地质博物馆、野鸭湖湿地博物馆等9个博物馆、东湖公园、香水苑等20余个城市公园，以及妫川广场、中银广场等。

可以预见，未来相当长一段时期内，北京本地、周边和短途的城市休闲业态和乡村度假业态将成为京城居民旅游消费的主要内容，城乡休闲旅游更加贴近民生，更能增加大众的获得感和幸福感。

四、个性化与高端化的旅游潮流

进入21世纪以来的20余年间，旅游已经成为北京城乡居民休闲度假的首选方式，大众旅游时代已经到来。从"走走看看"到"换个地方生活"，随着全民参与度提高，旅游需求呈现个性化、高端化潮流，出境游、自驾游等兴起，进一步满足了北京城乡居民不断增长和日趋多元的旅游需求。

在入境游平稳发展的同时，旅游也成为北京对外交流的窗口和桥梁。出境旅游最初以探亲访友、商贸活动为主，逐渐演变为观光、度假出境游热潮。随着居民收入的快速提升，消费结构优化升级，北京城乡居民出境游市场发展速度迅猛，旅游国际化程度进一步提升。出境旅游人数持续稳定增长，2007年，旅行社组织北京市出境

---

① 魏晓霞、邢丽涛：《全域发展让北京旅游生机盎然》，《中国旅游报》，2019年2月26日，第4版。

人数首次超过100万人次，2018年达到近511万人次，12年增长了4倍，前往美国、法国、意大利、德国的游客均在20万人次以上。出境游目的地也由过去的新马泰、中国港澳等国家和地区，转向非洲、大洋洲、美洲、欧洲等地，旅游国际化程度显著提升。

旅游公共服务体系不断完善，服务便捷性明显增强。目前，旅游咨询服务中心、站点覆盖北京市各旅游重点区域，可为游客无偿提供全方位咨询服务。旅游安全风险监测、评估和预警机制进一步完善。旅游区域及重点旅游线路的无线网络、3G/4G覆盖范围逐步扩大，PC、平板等旅游信息查询和互动终端数量不断增加。越来越多的北京市民开始"不走寻常路"，选择自由行、自驾游等形式，通过追求个性化的旅游追寻诗和远方。

经过40余年改革开放，北京市已经打造出一系列品质优越、品种丰富、结构优化的旅游产品和服务体系。截至2018年底，北京市共有旅行社2782家，A级景区点253家，星级饭店454家，红色旅游经典景区120个，乡村酒店、国际驿站、养生山居、民族风苑等乡村旅游特色点达710家。文化旅游由高速增长向优质发展迈进，北京市积极开发中医养生、体育赛事、文化演出、精品文博等定制旅游产品，推出30条中医体验旅游线路、22条精品文博旅游线路和31个中医国际医疗旅游服务包。旅游休闲呈现产品服务多元化、精品化发展趋势，进一步满足了北京人不断增长和日趋多元的知识获得、文化感知、休闲娱乐的旅游需求。截至2018年底，北京市旅游购物和餐饮消费额占社会消费品零售总额的近25%，旅游已经成为北京人幸福生活的重要消费途径，也是衡量现代美好生活水平的重要指标。

2020年初，突如其来的新冠肺炎疫情，围困着众多产业，旅游业也深陷其中。北京市政府积极应对，采取多种措施，支持餐饮、商场、文化、旅游等生活服务业恢复发展，为旅游产业链的元气恢复构建了良好的外部环境。随着北京疫情防控形势的常态化，京城旅游业发展逐步恢复，预约旅游逐渐普及，人们的旅游消费体验感增强，智慧旅游进一步发展。

第三节　点亮京城“夜生活”

随着北京城乡居民的物质生活水平不断提高，休闲已经发展成为一种现代生活理念和生活方式。夜经济正成为助力消费提质的新方向，是拉动京城居民消费的新引擎，更是反映城市繁荣程度、文化积淀、心理追求，展示城市气质的闪亮名片。

一、夜间消费的兴起

所谓“夜经济”，是指发生在当日下午6点到次日早上6点，以当地居民、工作人群及游客为消费主体，以购物、餐饮、旅游、娱乐、学习、影视、休闲等为主要形式的现代消费经济。夜经济的消费主体是年轻人和以家庭为单位的消费者，其夜间消费行为具有社交性、互动性和多元性的特点。

为了解北京居民夜经济消费情况，2019年，国家统计局北京调查总队开展夜经济专题调研，调研样本共422个。调研数据显示，55.0%的居民选择晚上逛街购物、逛超市，47.1%的居民选择美食餐饮。随着荟聚购物中心、永辉超市等商超在22点～24点推出特别优惠折扣，“夜商场”带动京城居民夜间消费。同时，“深夜食堂”逐渐成为夜经济的敲门砖，如位于北京东三环外的合生汇深夜食堂，2019年6月单月总销售额达4073万元，同比增长42%，客流281万人次，同比增长39%。从深夜食堂到24小时便利店，从夜游故宫一票难求到电影零点场满座，夜经济已成为拉动居民消费的新引擎。调研数据显示，91.5%的被访居民有夜间消费的意愿，仅8.5%的居民不愿意夜间消费，其中50%为60岁以上群体。“90后”夜间消费潜力最大。[①]“有钱”“有闲”“有人陪”是激发夜间消费潜力的3个重要因素，如五棵松华熙LIVE是京西人气颇高的夜间活动场所，其消费群体以

---

① 周晓轩：《北京：夜经济成为拉动消费新引擎》，《四川省情》，2019年第11期。

中青年高知消费群体为主，具有鲜明的特征。

从北京夜经济诸多商圈发展的程度上看，大多数商圈的夜经济供给已经处于比较成熟的阶段，经营主体具备一定的经营经验，对夜经济的发展也有比较强的积极性和自主性，大多数商圈具备稳定的客流和消费业态；从商业硬件设施配套上看，绝大多数商圈具有大型商业综合体，并具备较好的通行条件；从消费端看，消费者对夜经济的消费意愿比较强，对目前的消费供给比较满意，可以在单一商圈内获得比较全面的市场供给，并在特色商圈内获得对特色消费意愿的满足。

二、地标经济引领夜生活

夜经济不仅是衡量城市消费水平的重要指标，也是繁荣北京商业、为居民提供更便捷消费的重要手段，有利于调动各方资源，形成良性循环的经济发展和居民消费系统。调研数据显示，"一站式"综合商场人气最旺，在北京市重点打造的4个地标和9个商圈中，位于大兴区西红门的荟聚购物中心最受欢迎，约11.2%的居民常夜间去荟聚购物中心消费。随着消费观念逐渐从"物质消费"转变为"时间消费"，人们希望一次性购买到全部所需商品。《2019北京商业发展蓝皮书》报告显示，75%的被访者日常有夜间消费活动，超过80%有夜间消费的被访者每人每次平均夜间消费金额在300元以内，78.7%有夜间消费的被访者每月夜间消费在5次以内。此外，夜间消费对40岁以下被访者的吸引力较强，"00后"被访者的次均消费金额和月均消费频次均为最高。

发展夜经济，可以适当延长街区及商场、超市、便利店的营业时间，发掘夜间文化活动的空间和内容。作为积淀丰厚的千年古都和时尚新锐的全国文化中心，北京可供挖掘的文化元素种类繁多。夜经济并不是千篇一律的灯光秀和商业街，要尽可能结合当地特点，深挖历史文化内涵，加快培育更多具有北京特色的夜间文化体验活动，精准地满足不同群体的消费需求，不断增强夜间文化生活的丰富度、趣味性，努力为市民创造更多有品位、有质量的夜间文化消费场景。北京第一家24小时书店——北京三联韬奋书店广受市民欢迎，新华书店花市店、中国书店雁翅楼店等一批24小时书店相继亮相，居民可以在24小时书店品味"精神食粮"、在博物馆里感悟历史意蕴、在街头酒吧体味浪漫情调，另外还有不打烊的电影院、红红火火的文化综合体等。"夜文化"点亮京城夜生活。

中国国家大剧院是新"北京十六景"之一的地标性建筑，设有歌剧院、音乐厅、戏剧场和小剧场，每到夜晚，这里就成为京城高雅艺术的聚集地。在盛夏夜，"鸟巢"体育馆推出以灯光、激光、投影为主体视觉方式的大型交响视听灯光秀，为游客带来独一无二的视听震撼。除此之外，"鸟巢"还推出了很多夜晚游览项目，如京韵小型驻场演出，能够让中外游客近距离感受中国传统戏剧的魅力。八达岭长城、雁栖湖、大运河、前门、蓝色港湾等北京79个地标、商圈、特色街区点亮了"夜京城"，夜间休闲大放异彩。

三、城市生活图景更加绚丽

夜经济正在成为助力北京城消费提质的新方向。2019年上半年，文化娱乐消费拉动北京市服务性消费额实现10.4%的增长，特别是夜游博物馆、24小时书店、园区文创集市以及戏曲、相声、电影、歌剧、音乐、读书等丰富多彩的"夜京城"文化休闲活动，已成为北京市民消费新热点。

北京市打造具有全球知名度的"夜京城"消费品牌，需要进一步加速服务业升级，提亮和谐宜居之都的成色。除了"逛"和"吃"是居民夜间消费的主要内容外，北京市民还将拥有更多元的生活选项。北京市商务局适时推出《"夜京城"消费指南》，把各类夜间消费信息精准推送给消费者，实现夜经济高品质发展目标，避免同质化、低水平、粗放式发展。鼓励商圈开展多业态布局，发展体育健身、美容健康、学习教育、咖啡和书店、文化演出活动等城市居民消费升级的新兴领域，不断满足新时代人群的消费新需求，打造高品质的夜间消费环境。

虽然越来越多的地标、商圈和生活圈叩响京城夜间消费的大门，北京的夜经济发展与其他国际化消费枢纽城市相比，仍在公共交通、夜间消费有效供给、业态融合水平和整体布局方面存在不足，夜间消费潜力还未完全释放，仍需在供给侧持续加强升级。此外，北京的夜经济还存在区域发展不平衡的现象，热门商圈布局相对比较集中，而"东热西冷""核心热周边冷"现象还比较突出。点亮京城夜经济，激活消费升级潜力，可以先准备"三把火"。第一把"火"是明确居民夜间消费的需求内容和方向，第二把"火"是激发企业和个人开发和发展夜经济的活力和动力，第三把"火"是政府做好发展夜经济的基础保障工作。①

为了深入推动京城夜经济发展，唤醒"夜京城"，北京市推出13项措施，包括优化夜间公交服务、打造夜间消费场景、推出深夜食堂街区等，为点亮"夜京城"提供明确路径，为发展夜经济加油助力。打造首批4个"夜京城"地标（前门和大栅栏、三里屯、国贸、五棵松），分别围绕古都风貌、活力时尚、高端引领、跨界融合等主题，大力发展具有创新引领和品牌吸引力的夜经济消费业态，吸引国内外消费者；升级"夜京城"商圈，包括在蓝色港湾、世贸天阶、簋街、合生汇、郎园、食宝街、荟聚、中粮·祥云小镇、奥林匹克公园等，形成"商旅文体"融合发展的夜经济消费氛围，提升夜经济消费品质，辐射热点地区消费者；培育"夜京城"生活圈，包括上地、五道口、常营、方庄、鲁谷、梨园、永顺、回龙观、天通苑等区域，提升基础设施和配套服务，便利居民夜间消费。

随着2020年以来北京市新冠疫情防控常态化，因疫情短暂受挫的京城夜经济逐渐复苏，更多文旅主体及特色活动加入，文旅消费在夜经济发展中发挥着日益重要的作用。后疫情时代，夜经济已经成为京城经济增长的新亮点。点亮京城夜经济，就是推动首都消费市场全

---

① 千龙网评：《"点亮"北京夜经济需要"三把火"》，http://review.qianlong.com/2019/0409/3210963.shtml,2019-4-9。

面提档升级，夜经济越"火"，首都经济业态越繁荣。发展夜经济可以促进经济活动时间延长，各种设施利用率提升，增加就业，推动服务业扩张规模，满足居民的夜间消费需求，拓展游客的消费空间。夜经济不是单纯的经济议题，它涉及城市运行的诸多方面，必须以精细化举措做好配套、优化供给，提供更为多元化和个性化的选择，不断满足新时代人群的消费新需求，打造高品质的夜间消费环境。即将精彩亮相的城市副中心环球主题公园，既是北京文化旅游新地标，也将进一步丰富京城夜生活图景。园区将通过注入更多中华文化元素，体现高科技，实现5G基站全覆盖，充分利用中关村科技创新成果，落地一批应用场景，提升游客体验。夜经济作为城市竞争新赛道，已经从"1.0"时代向"2.0"时代迈进，北京城市生活图景更加丰富，通过打造有品质、有特色、有温度的"夜京城"，为北京建设国际一流和谐宜居之都提供强力支撑。

第七章

愈益乐活有为的老年生活

生命的衰老是不可抗拒的，而老年阶段如何安然度过，不仅是个体要考虑的重要人生命题，也是全社会需要解决的现实问题。1990年，北京市60岁及以上人口占常住人口比例就已达到10.27%，成为全国最早迈入老龄化社会的地区之一；经过几十年的发展，截至2019年底，北京60岁及以上人口占常住人口比例达到17.2%。老龄化程度不断加深、广度不断加剧，引起社会广泛关注。近年来，北京市不断加大养老服务体系建设，不断释放养老服务政策红利优势，老年人自我管理、自我发展、自我服务及自我实现能力不断提升，老有所养、老有所为、老有所学、老有所乐的愈益乐活有为的老年生活场景不断涌现，一曲曲新时代的"夕阳红"活力乐章正在奏响。

第一节 织就老有所养的安全网

一、多层次的社会养老保险体系

社会养老保险是现代社会老年人维持基本生活的稳定依靠，是养老保障体系的基础和关键。习近平总书记指出，"保障和改善民生没有终点，只有连续的起点"，党的十九届五中全会也提出要健全多层次社会保障体系。就北京市来讲，从20世纪90年代开始的"老农保"到2006年"新农保"再到2009年的"城居保"，城乡居民养老收入持续增长，老年人"老有所依、老有所靠"的生活得到基本保障。

（一）从"老农保"到"新农保"再到"城居保"

以往小农经济背景下的农村老人生活保障全部来自土地和子女，20世纪50年代开始的集体养老也仅解决农村鳏寡孤独者的养老问题。随着农村老龄化的凸显及家庭养老功能的弱化，农村老人的养老成为一个不得不面对的难题。1992年，北京市"老农保"制度建立，农民开始尝试以个人账户、储备积累为主的自我储蓄养老模式；但由于筹资方式单一、保障水平低，农民参与意愿并不高。2002年，北京市开始试点"新农保"并于2006年1月1日开始在全国率先执行"新农保"。"新农保"的确立让农村老人真正享受到了"退休"待遇。通过个人缴费、集体补助和政府补贴相结合的筹资方式，农村老人只要到了60岁，就可以享受国家发给的普惠式养老金。2008年，北京市以"基础养老金+个人账户"的方式创新农村养老保险模式，基础养老金为每人每月280元；2009年，北京市率先在全国推进并实现城乡居民养老保险制度的一体化，2011年开始调整城乡居民基础养老金并确立基础养老金的正常调整机制，极大地调动了农村居民参保的积极性。2020年，城乡基础养老金水平进一步提升，每人每月可以领取820元的基础养老金①。可以说，从"老农保"到"新农保"再到"城居保"的建设进程，从制度层面保障了农村老人的基本生活，实现了农村居民老有所养。

（二）城乡无社会保障老年居民老有所依

2007年，北京市政府颁布《城乡无社会保障老年居民养老保障办法》并于2008年1月1日起施行。凡具有本市户籍，年满60周岁，且不享受社会养老保障待遇的城乡老年人，均可享受每月200元的福利养老金待遇。与基础养老金的调整同步，北京市2011年上调福利养老金标准，并建立起城乡居民福利金待遇最低标准调整机制，走在全国前列。截至2020年7月，经过连续几年的上调，城乡老年居民每月领取的福利养老金已从最初的200元增至735元②。与此同时，随着北京市城乡最低生活保障标准的逐渐提高，更多城市无保障老人受益：北京市城乡居民最低生活保障标准由1996年的170元/月增至2019年的1100元/月，城乡居民最低保障人数由1999年的5.5万人增加到2019年的10.3万人③。

（三）城镇企业职工及机关事业单位人员退休金逐年增加

退休金是由政府、公司、金融机构等向因年老或疾病失去劳动能力的人按月支付的资金，以使退休后的劳动者能够老有所依、安度晚年。当前，随着投资理财方式越来越多元化，可供养老的资金渠道也日益增多，除了个人自愿参与的储蓄性养老保险以外，还有社保养老金保险、职业（企业）年金保险和商业养老保险。

针对企业职工的以基本养老金收入为主、企业年金为补充的老年

---

① ②　北京市人力资源和社会保障局网站：《北京市人力资源和社会保障局　北京市财政局　北京市民政局　关于调整2020年城乡居民养老保障相关待遇标准的通告》，http://rsj.beijing.gov.cn/xxgk/zcwj/202007/t20200713_1946333.html。

③　北京市统计局、国家统计局北京调查总队编：《北京统计年鉴2020》，http://nj.tjj.beijing.gov.cn/nj/main/2020-tjnj/zk/indexch.htm。

生活待遇保障机制形成。自1986年北京试行企业职工基本养老保险社会统筹以来，覆盖范围逐步扩大，保障水平逐年提高。从1992年10月1日开始，北京市实行参加退休基金统筹的职工个人缴纳基本养老保险制度，职工的养老保险费用由国家、企业、职工个人三方共同负担。此后，企业离退休人员每年都可以增加一定幅度的基本养老金，至2020年已连续增加28年。2019年1月1日起，北京市为企业退休人员（含退职、退养人员）按照5%左右的增幅调整基本养老金，人均增长220元左右，养老金平均水平达每月4157元。2019年末，参加企业职工养老保险的共计1651.6万人，较2018年增加3.8%[①]。2020年，市人力社保局面向全市已退休人员养老金调整方案，惠及全市约302万企业和机关事业单位退休人员，每人每月可定额增加50元并与年龄、缴费年限及养老金水平等挂钩。养老金增加的数额逐年加大，提高力度不断加大，社会基本养老保险覆盖面进一步扩大。与此同时，以社会基本养老保险为基础，遵循职工自愿原则建立企业年金的补充养老保险制度，又称为"企业退休金计划"。这意味着，作为基本养老金的补充，企业工作人员退休后，可一次性领取也可分期、按月领取企业年金待遇，提升了企业退休职工的养老保障水平。

机关事业单位职工资金来源多渠道、保障方式多层次、管理服务社会化的养老保险体系逐步形成。在我国，机关事业单位职工的退休制度自改革开放以来一直独立运行。以人社部2014年开始推动养老金"双轨制"改革为背景，2015年11月17日，北京市出台《北京市机关事业单位工作人员养老保险制度改革实施办法》，对北京市现行机关事业单位工作人员退休保障制度进行改革，实行社会统筹与个人账户相结合的基本养老保险制度，从2016年开始，建立起与企业同步的退休金调整机制；职业年金作为独立于基本养老保险之外的一种补充养老保险，2019年7月1日开始投资运营以来，北京市机关事

---

① 北京市统计局网站：《北京市2019年国民经济和社会发展统计公报》，http://tjj.beijing.gov.cn/tjsj_31433/tjgb_31445/ndgb_31446/202003/t20200302_1673343.html。

业单位职业年金基金当年收入金额为128.9亿元，基金支付0.5亿元，基金当年结余128.4亿元[①]，与基本养老保险共同构成职工退休生活的主要保障来源。

商业保险对于老年人养老保障的补充作用初步显现。党的十九届四中全会就"坚持和完善中国特色社会主义制度，推进国家治理体系和治理能力现代化若干重大问题"做出决定，其中在民生保障项下特别提到"发展商业保险"。2013年，北京市面向50～60岁已退休、60岁及以上老年人推出意外伤害险。以商业保险公司中国人寿为主、政府托底为辅，北京市老年意外伤害险主要通过柜面直销的方式向老人提供服务，为老年人在各类活动场所发生意外伤害时提供保障，以提高老年人的生活质量。截至2017年底，北京市老年人意外伤害险项目共实现保费收入3501.41万元，其中614万元为市财政统保资金支出，市民自愿购买及其他形式的保费收入2887.41万元；超万人次老年人获得理赔服务，累计理赔金额2550.87万元[②]，其中涉及公园晨练，小区健身场所扭伤、摔伤类事件较多，以及少数烫伤、割伤及动物咬伤类事件。北京市老年意外伤害险的落地，提升了老年人的生活质量，为老年人提供了更多权益保障。

二、普惠型的老年社会福利水平不断提升

老年福利是养老保险的延伸，是构成老年保障必不可少的部分。2009年以来，在"九养政策"的推动下，北京市各种针对老年人个体的惠老、敬老举措不断出台，涵盖居家养老津贴补贴发放、老年餐桌、老年社会优待、适老化改造等方面的内容，福利保障措施更加精准有力，老年人生存生活、安全、尊重及发展享受等需要的满足和

---

① 北京市人力资源和社会保障局网站：《2019年度北京市养老、失业和工伤保险事业发展情况报告》，http://rsj.beijing.gov.cn/xxgk/tzgg/202007/t20200703_1937990.html，2020年7月3日。

② 北京市民政局网站：《市政府为7.5万特困老人买保险》，http://www.bjdx.gov.cn/bjsdxqrmzf/zhyw/rdgz/630839/index.html，2018年4月2日。

实现有了更聚焦的政策保障，提升了老年人的安全感、获得感、幸福感。

（一）居家养老服务津贴补贴"扩面提标"

居家养老服务补贴标准逐步提高，养老补贴的发放更加人性化，更贴合老年人的实际生活需求。北京市于2009年建立居家养老服务券制度，符合一定条件的老人可以领取补贴。在此基础上，从2018年1月开始，北京市将老年人居家养老服务补贴津贴统筹整合为3类，即困境家庭老年人生活服务补贴、失能老年人护理补贴和高龄老年人津贴，满足一定条件的老年人可以同时领取3种补贴。低保、低收入等困境家庭的老年人每月可以领取200～300元的"困境家庭老年人生活服务补贴"，用于补贴其晚年日常照料等服务性生活支出。重度失能或重度残疾的老年人每月有专门的"失能老年人护理补贴"，用于补贴其因功能缺失而产生的居家长期照护支出，可以购买照料支持、照顾服务、护理服务和长期照护保险、商业养老保险等照护性服务。经评估为重度失能的老年人补贴标准不低于每人每月600元。同时，提升老年人高龄津贴标准，北京市户籍的80～89周岁的老年人，津贴标准每人每月100元；90～99周岁的老年人，津贴标准每人每月500元；100周岁及以上的老年人，津贴标准每人每月800元。截至2019年12月9日，全市共有55.7万名高龄老年人申请"高龄津贴"以及1.1万名低保低收入老人申请"困境家庭老年人生活服务补贴"并通过审核。更多有需要的老年人被纳入受益群体，让收入低、生活困难的老年人可以安心地度过晚年。

（二）城乡社区（村）养老（助残）餐桌暖人心

人至老年，不仅面临因身体机能衰退而行动困难的现实难题，还深受"吃饭难"的困扰。为解决老年人"吃饭难"的问题，按照"广覆盖、贴需求、惠民生、可触及"的原则，北京市2009年开始，在社区建设一批老年餐桌。2015年5月施行的《北京市居家养老服务条例》明确把"为老人提供社区餐桌、定点餐饮、自助型餐饮配送"作为居家养老照顾的一项重要内容，老年人可以使用养老助残卡在老年餐桌消费，以老年人为服务对象的"就餐、送餐、助餐"养老助餐服务体系逐步建立。经过10年的发展，北京市已经确立起"厨房制作分餐＋社区配送＋集中就餐""中央厨房＋冷链运输＋社区配餐"等助餐服务模式，老年人膳食水平也从"吃得饱"发展为"吃得好""有营养"。例如，丰台区西罗园养老照料中心由专业的营养师配餐，鸡蛋、蔬菜等均来自集团旗下的蔬菜生产基地，受到老年人的欢迎，高峰期每天有300多人来就餐。2019年10月9日，北京市首个也是全国首创的关于老年餐桌的专项团体标准《老年餐桌等级划分与评定》正式发布，通过评分细则的形式对老年餐桌服务企业的设备设施、膳食品质、服务质量等进行星级评定量化，为进一步提升老年人的膳食营养水平提供了规范标准。

（三）老年人优待项目及范围扩大

北京市于2008年出台《关于加强老年人优待工作的办法》，明确老年人的出行和休闲旅游等多项福利措施。在此基础上，2015年3月发布《老年人社会保障和社会优待办法》，将之前的9条优待范围升级到44条，涵盖政务服务、卫生保健、交通出行、商业服务、文体休闲、维权服务六大类共44项，为保障老年人各项权益提供了政策支持。

从2019年1月1日起，"免费乘坐公共交通工具""免费逛公园"不再是65岁以上的老年人的专属福利，常住北京的60周岁及以上的老年人都可以申请办理"北京通—养老助残卡"，一卡在手就能享受免费在北京市乘坐公交车、逛财政支持的公园景区等公共文化场所的待遇。这一福利措施为老年人日常出行提供了便利，提升了老年人的生活满意度。

65岁及以上老年人还可以在社区卫生机构进行免费体检并建立健康档案。2019年，北京市社区卫生服务机构已为老年人建立健康档案357.6万份；家庭医生签约老年人189万人，上门服务13.5万人次^①。同时，北京市城六区试点推进65周岁以上老年人免费享受脑健康（痴呆风险）筛查项目，至2019年已覆盖9.6万人^②。协和医院等20家医院作为首批老年友善医院，通过建立老年人绿色通道、老年患者用药咨询窗口、提供护送病房服务等措施，老年人就医用药环境得到优化，缓解了"看病难"的问题，改善了老年人的就医体验。

有需求的空巢老人可以免费安装紧急医疗救援呼叫器和烟感报警器，失智老人可以享受配备免走失手环的福利待遇，失独老人也被纳入定期巡访、关照的重点人群。在依托市级"96156"社区服务热线为老年人提供电话咨询、上门服务的基础上，北京市于2018年建立"居家养老巡视探访制度"，通过电话问候、上门巡防等多种形式对高龄、空巢及其他困难老年群体定期巡访，从精神层面给予困难老年群体更多的关爱和照护。规范居家养老巡视探访工作，为5.8万余名独居、高龄老年人提供巡视探访服务^③。在日常生活消费领域，老年人还可以享受优先、引导、优惠和上门服务等多种便利，老年消费生活的便捷性、可及性进一步增强。

（四）适老化改造改善老年居住环境

针对老年人对无障碍居住环境及设施的需求，近年来，北京市采取政府、社会、个人共担机制，积极帮助居家养老的高龄、失能老人进行家庭无障碍改造，涉及住宅建筑出入口、通道的无障碍改造，以及室内家具家装的改造等。北京大学2016年在全市范围内的一项调查数据表明，超过60%的老旧小区进行过老年人和残疾人居家的无障碍改造，全市范围内老年人和残疾人居家无障碍改造的比例高达

---

① 《本市明年将推家庭病床服务》，《北京日报》，2019年12月26日，第7版。

② 北京市老龄办、北京市老龄协会、北京师范大学中国公益研究院：《北京市老龄事业发展报告（2019）》，2019年10月18日。

③ 《今年将对5万独居老人开展巡视探访》，《北京日报》，2018年1月18日，第4版。

60.59%[①];2018年，完成经济困难老年人居家适老化改造9000户[②]。养老公共服务的无障碍设施设计以及老年宜居住宅的设计和建设更加人性化，改善了老年人的居住环境条件，从而有利于减少老年人由于年老体弱、腿脚不便导致的出行困扰，同时为其享受高品质的养老服务提供了更多便利。

三、家庭养老资源助力老年人"近"享生活

过去，"养儿防老"的观念深入人心，家庭是老年人的主要生活空间，家庭养老是人到老年的主要养老方式。如今，随着家庭规模日益小型化以及现代社会生活方式的变迁，家庭养老逐渐式微。但是，家庭仍然是老年人获得养老照顾和支持的首要途径，家庭养老在当前仍然具有不可替代的功能和作用。家庭的照顾供给集中体现在由子女或其他家庭成员提供的物质层面的经济赡养、生活照顾服务和精神情感的支持三方面，让老年人从心理上消除老无所养、老无所依的危机感，能够老有所安。

家庭供养与养老金、劳动收入一样，是老年人经济收入的主要来源。不论是城市还是农村社区，来自家庭的经济供养对于提升老年人的生活质量很重要，尤其对于农村老人而言更是如此。北京市统计局发布的《2018年北京市养老现状与需求调查报告》显示，有近20%的老年人仍承担着家中老人的赡养义务，农村老年人靠子女提供和劳动收入的比重分别为29.3%和18.7%，分别高出城镇老人18.8个和16.1个百分点。[③]可见，当前对于城乡收入来源单一、缺乏劳动能力的老年人来说，除了按月领取的养老津贴、基本养老保险金和低保收

---

① 张航空：《北京市老旧小区老年人居住环境分析》，《中国社区发展报告·社区养老专题》，社会科学文献出版社，2019年版。

② 海淀区政府网站：《政府工作报告解读：全体老年人可享社会优待》，http://zyk.bjhd.gov.cn/zwdt/tdzt/2019/2019bjlh/jd/201901/t20190115_4233586.shtml，2019年1月14日。

③ 北京市统计局网站：《聚焦需求 增量提质 助力老人"近"享生活》，http://tjj.beijing.gov.cn/tjsj_31433/sjjd_31444/202002/t20200216_1639904.html。

入，来自子女的经济供养仍然是保障他们晚年生活必不可少的依靠。

日常生活照顾是老年人最基本的需求，由家庭成员提供的非正式照顾也是养老照护资源趋于紧张状态下满足老年人需求不可或缺的照顾支持。随着人均寿命的逐年增长以及生活水平的提升，越来越多的高龄、空巢独居以及失能失智老年人需要细致入微的生活照顾服务，包含日常饮食、家务、身体护理、室内活动及室外出行、看病等。对于没有经济条件入住养老机构、购买家政服务或聘请住家保姆的老年人而言，家庭是他们获取生活照顾养老资源支持的主要途径。卧病在床的失能失智老年人更离不开家庭成员的陪护照顾。针对北京市的一项调查数据表明，选择"自我照顾或家人照顾"比重为65.1%，远高于选择"家人和社区照顾相结合"18.8%的比例①，有照顾需求的老年人更倾向于选择居家由家人照顾。

良好的家庭氛围、和谐的代际关系有利于促进老年人的身心健康，从而提升老年人的生活质量。在"4—2—1"家庭结构背景下，家庭趋于小型化、青年劳动力流动频率加大，老年人与子女分开居住的现象也越来越普遍，家庭养老功能较之传统社会有所弱化。为发挥家庭养老的基础作用，为老年人提供家庭支持、亲情互助，北京市于2010年开展首次"孝星评选"活动，每年评选出1万名"孝星"，以营造温馨和谐的家庭氛围。与此同时，北京市于2016年开始探索制定中心城区家庭子女照顾老年人福利补贴制度，对于高龄、失能、困难的老年人家庭，子女或其他近亲属照顾老年人可以享受一定照护补贴。

---

① 北京市统计局网站：《聚焦需求 增量提质 助力老人"近"享生活》，http://tjj.beijing.gov.cn/tjsj_31433/sjjd_31444/202002/t20200216_1639904.html。

第二节　养老新格局、新理念、新实践

民有所需，"政"有所为。高质量的养老保障应是层次充分、多级互补的。十九届四中全会提出，要积极应对人口老龄化，加快建设居家、社区、机构相协调，医养康养相结合的养老服务体系。基于"居家、社区、机构"三位一体的养老服务运营体系，北京市基本形成了具有首都特色的社会保障事业发展格局，居家养老为基础、社区养老为依托、机构养老为补充、医养康养相结合的多元化养老服务体系为首都老年人的多元养老生活掀开新的篇章。

一、新格局：养老服务融合发展

2008年12月，北京市提出"9064"养老服务发展战略，即到2020年实现90%的老年人在家养老，6%的老年人在社区养老，4%的老年人在机构养老。10多年来，北京市居家、社区、机构3种养老模式的融合趋势进一步增强，小规模、多功能、专业化的优势为老年人就近养老提供了极大便利，让老年人能够安然、体面地享受晚年生活。

（一）居家和社区养老服务接地气

居家和社区养老服务模式是指以居家为基础、社区为依托，以上门服务和社区日托为主要形式并引入专业化服务（机构）的社会化养老模式，主要是以家庭养老为主、社区援助为辅的养老方式，由社区成立养老服务中心为老年人提供各种服务。老年人既能享受到子女的生活照料和情感慰藉，又能享受到社区带来的便利服务。北京最早于2004年开始居家和社区养老服务的探索，自2015年《北京市居家养老服务条例》实施以来，北京市聚焦就近养老服务体系，探索建立"家庭养老床位"，通过将养老资源嵌入社区发展的模式，切实将优质养老服务送到老年人身边、床边。

2016年，北京市出台《关于开展社区养老服务驿站建设的意见》，提出整合社区原有托老所和老年活动站等资源，将养老服务驿站作为养老服务体系的基础，打造"三边四级"养老服务体系，形成"一刻钟服务圈"，解决养老服务"最后一公里"的问题。短时间内，街（乡）养老照料中心、社区养老驿站已遍布北京市的大多数街道社区。截至2019年底，北京市已扶持建设街道（乡镇）养老照料中心297个，建成运营社区养老服务驿站1003个[①]。遵循"广覆盖、贴需求、惠民众、可触及"的原则，基本实现城区全覆盖并纳入养老助残卡全过程管理，面向老人的补贴发放、服务供给更精准。一张社区驿站床位，让老年人身边的养老服务近在咫尺、触手可及。例如，丰台区长辛店街道养老照料中心辐射周边26个小区，涵盖家政、餐饮、建筑公司等不同行业，面向有需求的老年人开展助洁、助浴、助餐以及适老化改造等服务；"麻雀虽小，五脏俱全"，地处牛街回民聚集区的牛街西里二区社区养老服务驿站，设有颐养间、康复区、餐厅、阅读区、活动室、助浴间等设施，有8张日间照料床位，可为老年人提供日间照料、居家上门、助餐、助浴、助洁、呼叫服务、巡视、老年大学、健康指导等服务，受到附近老年居民的欢迎和认可。

2019年，为让更多社区老年人享受来自身边、床边、周边的养老服务，北京市进一步推动养老服务就近精准发展，建立养老服务顾问制度，逐步探索实行"物业服务+养老服务"并试点建设家庭照护床位，开展失能老年人家庭照护者技能培训。2019年10月，全市600余名首批持证养老顾问在西城区上岗，进入社区为老年人手把手、面对面地提供有温度的精准服务。

（二）机构养老服务供给不断优化

机构养老兴起于20世纪50年代后期的农村敬老院以及城市社会

---

① 北京市老龄办、北京市老龄协会、北京师范大学中国公益研究院：《北京市老龄事业发展报告（2019）》，2019年10月18日。

福利院。改革开放以来，随着人口老龄化的发展以及社会保障体系的逐步建立，社会福利社会化逐步推动养老服务走出家庭，开始面向社会，社会化养老有了初步发展。

2001年至2004年，在民政部的统一部署下，北京市全面实施城区"星光计划"，营造社会力量参与社会福利事业发展的良好环境，也为老年人享受便捷的社会化养老服务奠定了一定基础。2012年以来，从福利机构、乡镇敬老院、公办养老机构等类型开始起步，在政策的推动下逐渐出现大量的公建民营、民办公助等不同类型的养老机构，例如老年公寓、老年家园、老年护理院、养老照料中心以及养老社区CCRC等，各种多元化的社会力量不断参与进来。截至2019年底，全市有收养性养老机构580个，床位112906张，年末在院人数49108人[①]，全市养老机构平均入住率为40%～50%。截至2019年底，全市共有星级养老机构339家，其中，五星级8家、四星级18家、三星级13家、二星级237家、一星级63家[②]。日益丰富、多层次的机构养老资源为老年人安度晚年提供了有力的保障，养老机构专业化、市场化、社会化的特色凸显。以国务院《关于加快发展养老服务业的若干意见》（国发〔2013〕35号）为标志，确立了从国务院层面部署推进养老服务业发展，并将养老服务业外延拓展到生活照料、老年用品、健康服务、体育健身、文化娱乐以及金融旅游等交叉领域。近年来，诚和敬、首开寸草春晖、京宇轩以及普亲养老等品牌化、连锁化经营的养老服务公司以精细的服务为老年人提供针对性的定制服务，从健康养老、生活照顾、颐养康乐、医疗护理等方面满足了老年人多样化、个性化的不同需求。

[①] 北京市统计局、国家统计局北京调查总队编：《北京统计年鉴2020》，http://nj.tjj.beijing.gov.cn/nj/main/2020-tjnj/zk/indexch.htm。

[②] 北京市民政局网站：《关于发布2019年度北京市星级养老机构名单的公告》，http://mzj.beijing.gov.cn/art/2020/2/12/art_667_477270.html，2020年2月12日。

（三）融合健康新理念的医养结合养老新模式

人到老年，身体各项功能逐渐衰退，多病共存、慢病侵扰，新的心理需求不断产生，身体的"医"与心理的"养"同样重要。可以说，"医养结合"呼应了老年人的医养诉求，因而受到老年人青睐。随着北京市人口老龄化进程，以健康新理念为指引的医养结合养老模式开始走进公众视野，各种有特色的医养结合模式为老年人保驾护航，让老年人的养老也更有保障。

海淀区双榆树南里二区从2013年就开始试点"家庭病床"养老模式，以此创新形成由政府、社区、医院和专业服务机构联合共推的"全陪式"养老助残服务模式，并由专业机构慈爱嘉公司入户调查，进行健康信息和居室环境评估，为80岁以上的老年人提供老年餐桌、康复护理、日间照料、慢病护理、助浴、助行、精神慰藉等服务[1]，老年人足不出户就可以享受优质便捷的医养照护。

由医院转型发展为老年康复院、老年护理院及老年护养院等医养结合服务机构。2001年，北京市胸科医院改建为北京市老年病医院，北京市化工医院转为老年护理医院，数家医院增设长期接受老年病患住院的病区。2016年开始，北京市卫生计生委、市发展改革委等9部门联合印发《关于加强北京市康复医疗服务体系建设的指导意见》，明确由市财政投资9000万元，推动北京市部分公立医院转型为康复医院，并将一些医院的部分治疗床位转换为康复床位，为推进医养结合、整合老年医养资源迈出了有力的一步，为老年人就医看病提供了便利。

由养老机构独立设置医疗机构的"医养一体化经营"模式。北京市支持有规模的养老机构内设或与周围医疗机构联合为老年人提供医养服务。这一医养联合体的优势在于可以利用养老机构的照料优势，

---

[1] 尤元文主编：《老龄问题与养老工作资料选编（第一辑）》，北京：中国经济出版社，2013年版，第123页。

在为老年人提供医疗照护的同时兼顾餐饮、家政等服务。2019年，北京市526家运营的养老机构中，已经有143家内设医疗机构或引入医疗机构分支[①]。长辛店街道养老照料中心是一家内设医疗机构的医保定点星级养老机构，具备养老、医疗、康复、护理等功能，有养老床位200张、医疗床位50张，养老床位的入住率为90%左右，大部分是有康复、护理需求的失能老人，中心可为他们提供21项养老服务。由旧煤场改造的西城区金泰集团颐寿轩养老院八条分院，是一家社区嵌入式连锁运营的以收住失智失能老人为主的社区康复护理型养老机构。该院内设医务室，统一管理用药、开药，颐寿轩养老院善果胡同分院还具备医保定点及医生多点执业资质。不仅有医生、药房，还与北京市第二医院建立了合作关系，定期请医生来培训员工、为老年人坐诊，提升了老年人的自理能力。

养老机构与医疗机构结成服务联盟。2019年，北京市已有286家养老机构与周边医疗机构签订书面协议[②]，为入住老人进行护理评级、健康状况监测并开通绿色通道等。例如，北京市恭和苑老年健康生活中心与北京市知名三甲医院建立双向转诊及远程会诊机制，由合作医院提供医疗服务，恭和苑医疗中心（双井第二社区卫生服务中心）负责病后护理服务。丰台颐养康复养老照料中心与北京老年病医院等签订医养结合协议，形成从基本医疗到养老再到健康管理的一体化服务，打造从社区活力老人到机构失能老人的全老龄周期健康一体化服务。

从生命全周期的视角看，老年人在生命的最后阶段同样需要专业的、有质量的照顾和护理。为满足老年人的安宁照护需求，北京市在海淀、朝阳、东城、西城等区进行国家级安宁疗护试点，截至2019年底，全市范围内开展安宁疗护工作的医疗机构有24家，可提供安宁疗护的床位共计647张，其中19家医疗机构已纳入医保定点。[③]

---

①② 《本市明年将推家庭病床服务》，《北京日报》，2019年12月26日，第7版。

③ 北京市老龄办、北京市老龄协会、北京师范大学中国公益研究院：《北京市老龄事业发展报告（2019）》，2019年10月18日。

二、新理念：“互联网+养老”创新智慧养老服务

智慧社区建设是《智慧北京行动纲要》（京政发〔2012〕7号）中“市民数字生活行动计划”中的一个任务。4G时代的到来、5G通信技术进社区，智能终端产品设备的配置，展现了北京市智慧社区建设十足的“科技范儿”。“互联网+”的养老服务，依托互联网、物联网建立养老服务的信息化平台，整合居家和社区养老、机构养老的优势资源。老年人的养老生活也由于互联网的介入变得多姿多彩。

（一）“互联网+”带动社区智慧养老生活的发展

2005年，北京市启动“紧急医疗救助呼叫器”工程，年平均安装约5000个。以此为标志，开启社区智慧养老的模式。

日常生活照顾层面，在“96156”呼叫热线和社区服务网的基础上搭建移动平台，老年人通过手机就可以全面了解辖区内的商家信息，更方便地享受就近服务。2014年，北京市首家幸福彩虹社区便民综合服务平台开始运营，通过引入“互联网+”模式，老年人可以采用线上线下刷“北京通—养老助残卡”的方式进行消费，并在其微信公众号“福之虹”为有需要的老年人提供家政、生活配送、理发及护理等上门服务。大栅栏街道由百度开发的“爱老驿站”依托人工智能产品，使老年人可以在家用语音交互的形式便捷获取助餐及老年资讯等各类养老服务[①]。

健康管理层面，推广可穿戴设备、便携式健康监测设备、自助式健康检测设备、智能养老监护设备、家庭服务机器人等，在社区安置健康体检一体机、血糖仪、心电图仪、肺功能测量仪等专业自助筛查设备。为满足老年人多样化的健康需求，北京市在全国首次试点“互联网+护理服务”，通过“线上申请、线下服务”的模式，根据互联网居家服务目录，由具备家庭病床机构或巡诊等服务方式的机构注册

---

① 张均斌：《“AI+养老”落地北京大栅栏 人工智能让老年生活更便捷》，中国青年网，http://news.youth.cn/jsxw/201909/t20190904_12061446.htm。

或备案的护士将护理服务输送给社区、家庭的老年人尤其是高龄、失能老人等，进行慢病管理、专项护理、安宁疗护等。2019年，15家医疗机构共提供互联网居家护理服务3.3万人次。[1]

面向多元、内容丰富的"互联网+养老"服务也如雨后春笋般涌现。2019年10月12日，北京首个以养老服务为主、老年用品为辅的"社区居家养老综合服务平台——怡亲安安体验版"正式上线，并在首批70家养老驿站开展试点。已经上线的养老服务包括生活照护、人员派遣、医养结合、文旅康养、适老服务五大主题52类服务项目；适老产品包括床及周边、排泄洗浴、步行移动、生活支援、生活食品五大主题116类老年产品。老年人可以在养老驿站与服务商对接需要的服务和产品。[2]总之，智慧养老社区建设提升了养老服务的整体水平和效率，使得社区老年居民初步享受到了信息化社会带来的便捷的优质生活。

（二）"互联网+"带动养老产业不同领域之间的跨界融合

养老服务机构、从事养老服务行业的企业以及养老服务类的社会组织均可以通过打造智慧养老综合服务平台、开发App、运营微信公众号等，整合线下线上资源形成老龄产业集群、升级养老服务，向老年人输送需要的养老产品和服务，提升老年人生活满意度。例如，北京乐老汇养老服务公司以其人性化的智能系统和一体化的资源整合，为老年人提供了开放、透明、便捷、贴心、专业的养老助老品牌服务。通过自主开发的乐老汇智慧养老综合服务平台，为入住老年人提供个性化订餐、防走失、子女远程探望、紧急呼叫等服务，并通过智能化设备实时监测老年人的生活和健康状况，实时同步信息；"老人不折腾，子女不奔波"，家属可以通过乐老汇智慧养老云服务系统家属客户端随时随地查看老年人的状态。2020年抗击新冠肺炎疫情期

① 北京市老龄办、北京市老龄协会、北京师范大学中国公益研究院：《北京市老龄事业发展报告（2019）》，2019年10月18日。

② 《北京首个社区居家养老综合服务平台上线 老人可享52类养老服务项目》，北晚新视觉，http://www.takefoto.cn/viewnews-1926467.html，2019年10月13日。

间，家属可以通过探视预约电话、微信进行"预约探视"，扫码"北京健康宝"进入养老机构探视，也可以远程"视频探视"，缓解了老年人和家属的焦虑情绪。

三、新实践：京津冀区域性协同养老渐成

过去，大多数老年人只能在家颐养天年，京津冀养老区域一体化的逐渐形成为新时代老年人的养老生活增添了一种新的可选方案。推进京津冀养老服务协同发展，是新时代促进区域人口经济社会协调发展、满足老年人多元养老需求的重要内容，不仅能使老年人走出熟悉的社区和家门，也能使老年人获得满意的养老产品和服务；是"政策跟着老人走""补贴跟着机构转"的生动实践。

2015年签署的《京津冀民政事业协同发展合作框架协议》明确指出，应引导鼓励养老服务业积极向北京之外疏散转移，如在天津、河北两地打造"京津冀养老协同发展试点单位"，试点将北京养老机构的床位补贴、餐饮补贴等延续到天津、河北等地。随着《京津冀养老工作协同发展合作协议（2016年—2020年）》等相关规划和政策的陆续出台，特色养老服务片区的统筹建设也逐渐推进，三地老人的无障碍异地养老不再遥不可及。在京津冀养老服务协同发展的大背景下，由于入住价格较低、交通位置便利以及较强的政策扶持力度等优势，北京市老年人选择在津、冀异地养老的数量逐年攀升。截至2019年底，已有80多家天津和河北的养老院成为京津冀联盟养老院，超过4000名北京老人已在位于津冀两地的燕达、大爱书院、福源等养老机构安家。位于河北燕郊的燕达金色年华健康养护中心，紧邻通州，设置养老床位1万张，是单体规模超大的全程化持续照护养老社区，是国家首批京津冀养老工作协同发展试点机构之一。入住老人中的98%来自北京。[1]京津冀养老服务协同发展创新了北京老年人的养

---

① 陈发明：《河北推进京津冀养老服务协同发展——为京津老人安"新家"》，《经济日报》，2020年3月29日，第7版。

老生活，为老年人提供了新的可选择的养老方式。

　　结合多元化养老需求推出灵活多样、个性化的养老模式选择方案。针对北京市老年人短期旅居养老的中高端需求，河北、天津两地推出多种类型的养老模式，例如，租住式与自助式相结合的高端养老机构、以"酒店式养老服务"为特色的新型养老机构、公办的经济型养老机构、提供居家养老服务的养老驿站以及满足少数民族老年人入住的民族敬老院等。2018年，北京市部分养老机构与张家口市养老机构合作，开展"床位置换"计划和短期公益式旅居养老两项方案。老年人可以在每年5月至9月避暑旺季选择前往张家口市的对口机构，由此产生的交通费、护理费、留床费等都不用老年人额外负担。

　　"北京通—养老助残卡"异地刷卡支付助力京津冀养老服务协同发展。2018年，北京市为符合条件的老年人发放了"北京通—养老助残卡"IC卡，集社会优待、政策性津贴发放、金融借记账户、市政交通一卡通等多功能于一体。作为京津冀养老服务试点单位，河北燕郊的燕达金色年华健康养护中心成功实现"北京通—养老助残卡"首次异地刷卡支付。这意味着更多选择异地养老的老年人能够享受到北京市养老福利政策的优惠。"一卡通"的异地刷卡实践也推动了京津冀养老服务朝着更加人性化、便捷化的方向发展。

第三节　多彩、充实的老年生活

老年是人生发展的重要阶段。积极面对老年生活，做到老有所学、老有所为、老有所乐，有益于老年人身心健康，促进老年人社会参与，从而丰富老年生活。

一、"老有所乐、老有所学"彰显高品质养老新需求

当下，老年人的需求开始向更高层次、更有品质的养老生活发展，消费行为逐步由生存型向文化休闲型转变，外在表现为对健康管理、文娱活动、旅游文化、获得新技能及在线学习的需求持续增长。

（一）老年健身新时尚

中华人民共和国成立后，尤其是改革开放以来，党和政府高度重视人民群众的健身运动，1995年颁布的《全民健身计划纲要》鼓励群众积极锻炼身体；2008年8月8日，北京奥运会顺利召开，更是掀起了全民健身活动的高潮。进入新时代，随着北京市人均寿命的逐年提高，老年人对于自身的身心健康也愈加关注。健身作为一种新的生活方式，体现了新时代老年人对健康时尚的新需求。

北京市中老年优秀健身项目表演赛自1997年首次举办开始，至2020年已举行23届，已经形成具有首都特色的体育文化品牌。2009年8月8日"全民健身日"的确立更是有力推动了首都老年人体育健身活动的开展。2016年北京市发布《北京市全民健身实施计划（2016—2020）》以来，越来越多的老年人走出家门，爱上运动、参与运动、主动运动。与以"散步、跑步、秧歌、太极拳、气功、爬山、球类运动"为主的传统运动方式不同，生活在当下的老年人进行运动健身的方式更加多样，简便、易行、时尚的特点更加突出。2016年针对北京市社区老年居民的一项抽样调查数据表明，按照老年人参与不同体育健身方式的人群比例从高到低依次为：健步走（84.1%）、

健身路径锻炼（43.7%）、广场舞（15.6%）、跑步14.8%[①]。而广场舞作为近年来兴起的一种百姓喜闻乐见的集体健身活动，也逐渐受到城乡老年人的青睐。北京市自2014年起，每年举办一次广场舞大赛，真正实现了"让全北京跳起来"的愿景。如今，不管是城市街心公园还是健身广场，到处可见随旋律舞动的大爷大妈。广场舞越来越多地走进社区，成为首都老年社区生活不可或缺的一道风景线。

（二）互联网时代的银发消费新体验

互联网时代，网上老年消费人群数量逐年攀升，网络购物意愿强烈。展示型消费行为向老年生活注入新的时尚元素，便捷的网络购物为老年人带来新的消费体验和生活乐趣。

20世纪80年代关于北京市西城区西长安街两个街道500名老年人的一项抽样调查表明，老年人以家庭的集体消费为主，用于自身的消费主要集中在"吃、穿、住"的物质需求和医疗需求等方面，而仅"吃"这一项就占日常平均费用的49.9%；文化娱乐、体育活动分别仅占0.3%和0.2%[②]；穿的方面，大多数老年人继续穿着20世纪五六十年代的棉衣裤、春秋衫，对于衣着品质的要求并不高。

如今，时代在发展、社会在进步。老年人不再"墨守成规、节衣缩食、足不出户"，生活理念日益时尚化，更加看重生活品质的提升和精神需求的满足。一方面，用于老年人自身的消费比重上升，如京东大数据研究院2019年11月发布的《北京老年线上消费趋势分析》表明，老年手机、智能拐杖、老年代步车、按摩椅、计步器、智能药盒等老年产品消费增长最快；另一方面，迈向康养生活的同时，老年人也更崇尚简约、自然的健康消费模式。在北京市老年群体人均旅游消费高速增长、候鸟式养老需求快速增长的背景下，由北京市商务局

---

① 阮云龙、王凯珍、李晓天：《北京市社区老年人群体育参与和需求研究》，《体育文化导刊》，2016年第6期。

② 北京市老龄问题委员会编：《北京老年人口论文集》，北京：北京燕山出版社，1990年版，第136页。

发起，以健康、旅游、文化等板块为主题的"北京老年消费月"活动自2017年起每年举办一次，为老年人"零距离"体验消费新时尚提供了便利。2018年，近20家文化、旅游、服务类企业在中山公园的五色土西配殿内为老年消费者开启了"文化旅游服务专场活动"，共接待300余位老年人，涉及旅居养老、适老化装修改造等多项新兴消费服务和产品。2019年，以"新银发时代 享品质生活"为主题，全市30余家北京老字号、200余家品牌企业以线上与线下联动的方式在城区的近20家养老驿站以及海淀区、通州区、亦庄经济开发区、回天地区的10余个街心公园和社区展开活动，让老年人乐享高品质生活。

（三）在线教育助力老年终身学习

北京市作为首都，老年教育一直走在全国前列。北京市首个老年大学即1984年成立的"北京海淀老龄大学"，是全国最早成立的6所老年大学之一。1987年，北京市成立市级层面的老年示范大学。经过30多年的发展，北京市已经形成相对完善的"市级—区级—街道—社区"4级老年教育体系。随着信息社会的到来、互联网技术的不断升级，老年在线教育也有了新发展，展现出新风貌。

一方面，老年人口数量持续增长，老年人寿命不断延长，且老年人退休后时间充裕、具有较强的学习动机与意愿；另一方面，互联网技术逐渐普及，智能化设备广泛应用，以及融媒体的发展，使各式各样的老年在线学习云平台如雨后春笋般进入市民的视野，海量学习资源汇集，为老年人学习提供了更加便捷的路径，老年人进行继续教育、接受再教育更加多元化，选择也更加自由。尤其是大规模在线教育课程的授课方式突破了传统学习空间的局限，使老年人随时随地都可以漫游知识的海洋，是老年人自我继续教育、走向自我实现的重要平台。

北京开放大学受市教委委托承办的"北京学习型城市网"，面向老年人提供了包含保健养生、生活技能、心理健康、文化娱乐等类别的网络视频课程资源。早在2014年度，已经建成养老教育相关视频资源共计329集，总时长达7293分钟[①]，包括健身舞、健身操、养生、中医手诊刮痧、瑜伽班、太极拳、广场舞等。

由于老龄人口急速增长导致老年大学"一座难求"的形势下，由少数专业人士结合自身专业背景和优势为老年人提供网络学习资源的事例也不鲜见。例如，北京师范大学退休教授丁芳云组织线下的专业师资力量，搭建"综合才艺"微信群为有需要的老年受众提供学习平台。目前课程涵盖太极、围棋、古筝、中国结、茶艺以及素描、国画、彩铅等共计11门课程。具体授课按照课程内容建立微信群，以微信视频授课的方式向群成员提供内容优质、价格低廉的才艺课程。"综合才艺"微信群受到老年人的高度认可，有群成员将近300人，其中大部分为60岁及以上老年人。

二、老年志愿服务展现"老有所为"新风采

"老有所为"是积极应对人口老龄化的重要举措。过去，老年人大多以"长寿"为生活目标，而现代社会越来越多的老年人已经不再满足于单纯的颐养天年、安享天伦之乐的晚年生活。他们积极发挥余热，主动参与各项社会活动，获得较好的社会经济效益。进入新时代，老年人选择主动参与社会事务的初衷不再局限于增加经济收入、现实工作需要等，而是更多从满足精神需求、发挥特长等层面考虑。以此为背景，北京市老年志愿服务作为展现"老有所为"的重要方式，不断呈现出新风貌。越来越多的社区老年人尤其是低龄老年人选择"退而不休""老有所为"，生动诠释着自身生命的多种可能。

党的十八大以来，为积极发挥北京市离退休专业技术人员的资源优势，将"积极老龄化、健康老龄化"的理念落实到深处，北京老科技工作者总会、北京老教育工作者总会、北京老医药卫生工作者协会

[①] 张晓、王宗魁：《北京市老年教育活动剪影》，《北京广播电视大学学报》，2015年第2期。

于2013年10月11日宣布成立"三老"社团联盟。联盟成立以来，组织离退休工作者积极建言献策，并参与科学普及、为老人祝寿等一系列有益身心健康的活动。成立于2014年1月29日的北京市老年志愿者协会，作为北京市热爱和关心社会公益事业的老年人及社会团体、企事业单位和养老服务专家等组成的非营利性社会团体，其宗旨在于让每一位老年人都能够老有所为，在参与社会治理的过程中能够发挥余热，增强社会责任感的同时实现自我价值。北京市老年志愿者协会成立以来，逐步探索建立协会成员时间储蓄银行，以此形成对志愿者成员的回馈和激励，形成良好的志愿服务氛围的同时也增进了老年志愿者的社会参与度。

老年人退休后，社区成为其主要的生活场域，社区老年志愿服务是其发挥余热、参与社区生活的重要途径。随着老年人自我组织、自我服务能力的不断提升，已经不再满足于参与涵盖编织、歌唱、书画、老年模特、健身操等内容的文体娱乐类老年自组织，而是开始组建助老助残服务、托幼教育、环境保护、文明养犬等内容的邻里互助和为民服务类的社区自组织。在此类志愿服务中，老年人一方面可以基于自身专业特长优势为社区居民提供咨询指导；另一方面也可以针对社区公共领域存在问题如环境改造、垃圾分类等提出建议，动员社区自治力量，推动社区善治；此外，还能够在社区安全巡防、环境监督保护、停车管理、社区邻里纠纷调解方面发挥作用。志愿服务过程中，一方面释放了老年人日渐多元化的文化养老需求，另一方面也发挥了老年人在社区事务治理过程中的主观能动性，能够增强老人的社区归属感。

成立于2014年7月8日的北京市东城区东四街道八条社区的"暖心帮帮团"，最初只是北京市东城区妇女联合会和北京市协作者社会工作发展中心携手八条社区妇女之家开展"暖心"行动的试点项目。在项目运营期间，逐渐形成基于社区居住范围内由低龄老人向高龄老人提供简单生活照顾及精神慰藉等志愿服务的社区老年自治组织。该自治组织在实践探索中形成了面向孤寡、特困、高龄、独居、空巢老人的系列服务品牌。2018年，"暖心帮帮团"《心有大爱做小事》的故事荣获全国妇联新时代"巾帼志愿者十大故事"之一并走进央视《朗读者》节目，社区老年人"邻里守望、姐妹互助"的故事广为人知。

2020年，受到突如其来的新冠肺痰疫情影响，以北京市政府联防联控联治的抗疫路线为指引，社区老年人积极投身社区抗疫志愿活动，在抗疫一线谱写着生动的乐章。海淀区八里庄街道双紫园社区活跃着一支平均年龄68岁、绝大多数成员党龄逾50年的老年志愿者队伍，社区防控期每人每天值班2小时，负责体温测量、证件查验等工作。"西城大妈"发明了生动有趣的抗疫表情包，比如"戴口罩别忘了'三步走'""一戴二扎三按""洗手时牢记'内—外—夹—弓—大—立—腕'""'西城大妈'的话，得听"等，为全民抗疫加油。

三、老年社会交往生活更丰富

社会交往指的是在一定的社会历史条件下，人与人之间进行物质、精神交流的相互往来的一种社会活动，老年社会交往是老年人在日常生活中的普遍行为和方式。21世纪，是互联网技术飞速发展的时代，也是老年人触网比例大幅增加的时代，老年数字生活已经成为新时代老年社会生活的新高地。

老年群体基于地缘、趣缘形成的交往对象范围更加广泛。20世纪90年代初，北京市老年人退休后的外出事项主要是探亲访友，这一事项占比高达65.55%[1]；这表明与亲戚走动、与新知故交往来是当时北京市老年人社交生活的重要内容，当时的交往对象也仅限于家人、熟悉的亲戚朋友。与此形成鲜明对照的是，当前老年人与他人交往，更注重以自我发展、自我实现为导向，尤其是随着北京市老年流动人口的不断增加，除子女、亲戚朋友以外的交往对象比例不断增

---

① 北京市老龄问题委员会编：《北京老年人口论文集》，北京：北京燕山出版社，1990年版，第142页。

长，也更加广泛。

社交媒体App的广泛应用，如主打广场舞的"糖豆"App以及"快手"App等，让老年人的生活趣味横生。由民政局和老龄办在中国妇女儿童博物馆举办的2018年敬老月活动中，来自东城区的老年代表就以抖音短视频的方式展示了"金婚生活经"、"活力老人变装秀"以及"志愿老人无私奉献"的老年生活风采。与微信朋友圈功能相仿的"老友圈"以及以抖音短视频为代表的社交网络平台将老年人的人际交往活动从线下拓展到了线上。有的社交媒体增加了社区功能以及如医院挂号、健康咨询等服务功能，增强了老年人的幸福感，提升了老年人的生活质量。

"网联网"的交往路径突破了过去"面对面"交往的局限，"指尖上的社交"改变了老年人与他人的交往方式。新时代，家庭规模日益小型化，不同于过去以"探望""打电话"为主的交往场景，当今老年人开始借助微信等社交媒体应用平台如"语音视频""朋友圈"等与子女、朋友等交往对象进行联络。这不仅增加了老年人和其他家庭成员、邻里朋友之间的不受时空限制的互动频率，同时也成为线下交往情感纽带的补充，有益于增进相互之间的情感交流，促进家庭、社区的和谐发展。总之，社交媒体的广泛应用有益于老年人生活质量及身心健康水平的提升，老年人通过信息共享、线上情感交互不但满足了其社会交往需求，同时也彰显出其积极追求美好生活的一种姿态。

第八章

和谐美好的社区生活

中华人民共和国成立70多年来，北京社会生活的空间载体经历了较大的转变，从中华人民共和国成立初期以单位制和公社制为主、街居（社区）制为辅转变为以街居（社区）制为主、单位制为辅的格局。城乡社区从中华人民共和国成立初期社会生活中的新载体渐渐发展成为今天城乡社会生活的主要平台，已经代替单位和公社成为广大市民社会生活的最重要的载体。北京市民的社会生活主要是在城乡社区的空间里展开的。

社区不仅是一种重要的社会组织，更是社会生活的重要空间。一幕幕社会生活的"大戏"在城乡社区里不停地上演，构成了北京社会生活的美丽画卷，成为这个城市创造活力的重要精神记忆。在日常生活里，社区经常组织居民开展富有特色的社区文化体育活动，对社区问题开展公共治理，为有需要的市民提供图书阅读、书画活动、剪纸艺术、扎花艺术等各方面的文化产品和各种贴心的服务，丰富着市民的日常生活。

北京的社区既保留了元明清三代封建王朝都城的丰厚历史积淀[①]，拥有着丰富的历史人文故事，更有着伟大社会主义祖国首都的鲜明时代特色，展现出现代社区的崭新精神面貌。过去，北京旧城"棋盘状"的空间布局，体现出传统社区的历史风貌，孕育出具有"京味"特色的市民社会生活。现在，北京"一核一主一副、两轴多点一区"的空间规划，描绘出大国首都的未来画卷，将创造出更加和谐美好的现代社会生活。

---

① 唐、辽、金代，基层行政单位为坊。元、明、清代，北京的基层政权和基层社会组织，城内主要是坊、里，元朝时还有社的设置。坊之下设巷或牌、铺等。郊区设乡和村（里）、保甲。清朝末年采取日本的警察制度，开始实施警管制。民国初年沿袭清代旧制。1930年，按照国民政府颁布的《市、县组织法》规定，北京城共编成461坊5157间25417邻。郊区县以下分为区、乡、镇，镇之下设间和邻。1936年，有联保102处、保843个、甲8430个。参见北京市地方志编纂委员会：《北京志·政务卷·民政志》，北京：北京出版社，2003年版，第15页。

第一节　从单位转向社区的社会生活

北京市民的社会生活，表现在城市及街道社区的日常运行中，与城乡社区紧密相连。从实际情况看，城乡社区是居民生活的安全依托，是日常生活的温馨家园，是民生服务的"神经末梢"，是基层治理的重要空间，是社会组织化的重要平台。社区作为一定地域范围内的社会生活共同体，承载着绝大多数市民日常的衣食住行用、文化教育、卫生医疗、养老休闲、娱乐健身、生活消费、应急避难、个人发展等基本生活功能，是社会生活的主要空间载体，是创新社会生活的重要组织。总之，社区是实现社会动员、提供社会服务、创新社会治理、实现社会整合、建立社会信任、促进社会团结、落实社会公平、维护社会正义、推动社会进步的重要平台，是新时代社会生活的重心所在，是市民创造并享受美好生活的重要场所，在社会生活中具有极为重要的地位。

"现代社会是一个高度组织化的社会。"[1]单位制、公社制和街居制是当代北京城乡社会的主要结构要素，"单位""公社""街居"是基层社会生活的3个主要载体，也是3个最重要的社会组织。从中华人民共和国成立至1978年，单位制和公社制曾处于主导地位，街居制处于辅助地位。1978年实行改革开放后，取消公社制，单位制不断深化改革，单位的很多服务职能交给社会，街道社区在社会建设和社会治理中发挥着越来越重要的作用。70多年的历史变迁，清晰地展现出北京市从单位转向社区的社会生活变化轨迹。

一、单位创造新社会生活

中华人民共和国成立初期，实行社会主义计划经济和物品计划

---

[1]　李路路、李汉林：《中国的单位组织：资源、权力与交换》，杭州：浙江人民出版社，2000年版，第1页。

配给等制度。这一时期，北京的社会建设和管理职能高度集中于政府，政府部门是社会建设的唯一主体，社会建设的投入资金绝大部分由中央和北京市地方政府的财政承担。社会建设的动员方式主要是通过发布行政命令，实行自上而下的指令性和指导性计划，具有整齐划一的特点。这样的社会建设动员方式，对于在有限的经济条件下集中资源发展社会迫切需要的社会事业，具有一定的优势。在计划经济时期，城市单位制作为一种集政治管理、经济分配和生活保障功能于一体的特殊组织形式，成为政府实现社会管理、提供服务的主要手段，北京的国家机关和企事业单位承担了大部分社会管理和社会建设职能。"通过国家的总体调配，将不同地域、身份背景也不相一致的人们重新组合在一起，建立起了一个生产与生活紧密结合的'单位共同体'。"① "单位社会是一个礼仪性极强的社会，它既保留了许多家族化的行为准则，同时又从形式到组织上表现为以现代意义上的公共概念为核心的话语体系。"② 这一时期，北京市民的社会生活主要在单位和公社等组织内进行，绝大部分城乡居民被编进大大小小的"单位"或"公社"等基层组织中。"单位曾在新中国成立后到20世纪80年代一直是中国城市社会的基本单元，……也曾是中国人社会生活的主要场域，……单位是我国基本社会生活中高度制度化的组织形式。"③

单位制给计划经济时代的中国社会生活留下了深深的烙印。"单位制度强有力地塑造了中国社会的基本面貌。……户籍制度和一系列的福利制度、社会保障制度都是为了'社会主义建设'的需要而制定的一系列政策，是与社会主义属性无关的次级制度安排，其主旨在于界定城市身份和公职身份以及体制内的社会秩序，体现出政策导向下

---

① 陈仲阳:《"大院"与集体认同的建构》,南京大学硕士论文,2019年。

② 周翼虎、杨晓民:《中国单位制度》,北京:中国经济出版社,1999年版,第343页。

③ 薛文龙:《单位共同体的制度起源与建构》,吉林大学博士学位论文,2016年,第1、第9页。

的社会成员关系横向结构差异。"① "城市中的每一个人都拥有自己隶属的单位，单位为个人提供基本的生活保障，同时也是国家和个人之间的连接中介。"② "大多数社会成员被组织到一个个具体的'单位组织'中，由这种单位组织给予他们社会行为的权利、身份和合法性，满足他们的各种需求，代表和维护他们的利益，……单位组织依赖于国家（政府），个人依赖于单位组织。同时，国家也有赖于这些单位控制和整合社会。"③ 单位成为中华人民共和国成立后国家重组社会生活的一个重要载体，单位制创造了一种与以往不同的社会生活方式。

单位为自己的职工提供的诸如集体生活设施和补贴等单位福利包括："一是为减轻职工生活负担和家务劳动，向职工提供多种便利条件的集体福利设施；二是为活跃和丰富职工文化生活建立的各种文化福利设施；三是为解决职工及其家属的生活困难而建立的困难补助制度和其他补贴制度。"④ 因此，单位不仅承担着生产经营等任务，同时还负责粮、油、布、肉、蔬菜等生活物资分配等职能，为本单位职工及家属提供包括食堂、澡堂、理发、学校、医院、影院、文工团等在内的各种生活和文化服务。单位可以为单位职工及其家属提供从摇篮、幼儿园、学校教育、职业安排、生病治疗，直到死亡后殡葬等在内的各种服务。"作为一种制度，'单位'实质上是一种彻底的社会重组和管理方案，是社会精英在近代中国社会面临总体性危机之时最终选择的现代性方案。"⑤ 单位给中华人民共和国成立后北京的社会生活留下了深深的烙印，丰富了社会生活的形式。

---

① 周翼虎、杨晓民：《中国单位制度》，北京：中国经济出版社，1999年版，第37—38页。

② 薛文龙：《单位共同体的制度起源与建构》，吉林大学博士学位论文，2016年，第1页。

③ 李路路、李汉林：《中国的单位组织：资源、权力与交换》，杭州：浙江人民出版社，2000年版，第2—3页。

④ 周翼虎、杨晓民：《中国单位制度》，北京：中国经济出版社，1999年版，第54页。

⑤ 薛文龙：《单位共同体的制度起源与建构》，吉林大学博士学位论文，2016年，第2页。

"作为城市社会最基本的构成单元，每个单位实际上构成一个社区，为其成员提供认同/身份，'面子'以及社会归属感。"①"单位人"是当时对城市居民身份的一种确认，成为"单位人"在当时意味着你经得起组织的审查，政治上可靠，是国家的重要依靠力量。"单位制曾长期是中国人城市生活的主要依托，其影响力持续至今。"②当时的"单位人"不仅有较好的经济社会地位，衣食无忧，而且在婚姻市场等方面都具有一定的优势，"倍儿有面子"是对当时"单位人"的生动写照。反之，非"单位人"则意味着被城市社会所摒弃，"没有单位，一个城里人就无法生存，他不仅没有稳固的经济来源，也没有保障他合法权益的组织，完全被排斥在社会之外"③。于是，在各种各样、大大小小的"单位"中工作、生活，对于大多数人来说已经习以为常。"国家将强制性的行政权力和交换性的财产权力集于一身，通过对单位组织的资源分配和权力指令授予，拥有了直接控制单位组织的权力，并使单位组织依附于国家；单位组织通过与单位成员之间的资源交换，一方面获得了支配个人的权力，另一方面使个人在很大程度上紧紧地依赖单位组织。……中国城市社会中的单位组织是中国城市社会的极好折射。"④单位成为考察计划经济时期北京城市社会生活的极佳目标，是观察北京从中华人民共和国成立至改革开放前的30年间城市社会生活的主要空间载体。

　　成为一名"单位人"，曾经是计划经济时代中国公民一生中最大的愿望。"单位大院"是对改革开放前北京社会生活空间场景的一个精准描画，记录着当时诸多"大院青年"的青春梦想。单位的福利

---

　　① 薄大伟:《单位的前世今生——中国城市的社会空间与治理》封底，南京：东南大学出版社，2014年版。

　　② 薛文龙:《单位共同体的制度起源与建构》，吉林大学博士学位论文，2016年，第5页。

　　③ 周翼虎、杨晓民:《中国单位制度》导论，北京：中国经济出版社，1999年版，第2页。

　　④ 李路路、李汉林:《中国的单位组织：资源、权力与交换》序，杭州：浙江人民出版社，2000年版。

制度具有很强的惯性，往往会保持并延续较长的时间，尽管改革的政策措施在不断地冲击着单位的福利制度，但单位不少福利制度依然顽强地保持下来，并且不同单位的福利制度有着较明显的差距。"单位福利制度体现了较大的差别性。由于它是在某一具体单位集体内的再分配，因此具体到每一个人，其享受福利的差别性也很大。"[①]中国青年出版社和中央电视台正是单位为职工提供各种福利的典型案例，在不同的单位工作，意味着有着不同的社会生活。1950年成立的中国青年出版社，延续到1992年的福利制度依然包括：一、福利设施：食堂1个，供应1顿午饭；图书馆、阅览室、理发室各1个；医务室1个。二、补贴项目：探亲路费、房租补贴、卫生费、洗理费、煤贴、水电费补贴、生活困难补贴7项。1958年成立的中央电视台，延续到1993年的福利依然包括：一、福利设施：食堂3个，餐厅1个，咖啡厅1个，图书室3个，阅览室1个，浴池2个，美发厅1个，医务所1个，健身房1个。二、补贴项目：探亲路费、房租补贴、卫生费、书报费、独生子女费、洗理费、煤贴、水电费补贴、生活困难补贴、交通费补贴等10项。

随着改革开放的不断深入，"单位"的各种福利制度正在不断地改革，特别是随着房产制度等改革的深化，原来的单位产权房正在变成"房改房"甚至商品房，原来"单位大院"的居民结构正在逐步发生变化，由原来单一的职工及其家属变成职工家属与新业主、租户等并存，"职住合一"的"单位大院"格局正在向"职住分离"变化，这预示着北京社会生活正在发生新的变化。

二、居民委员会开启社区生活

从1949年中华人民共和国成立到改革开放前的1978年，我国在经济建设方面开展了国家工业化，在社会制度方面进行了对农业、手

---

① 周翼虎、杨晓民：《中国单位制度》，北京：中国经济出版社，1999年版，第54—55页。

工业和资本主义工商业的社会主义改造，工人阶级、农民阶级成为国家的领导阶级。按照中华人民共和国领袖们的伟大构想，着眼于创造一个崭新的社会，北京市成立了很多单位，改造并新建了许多企业，试图将社会各阶层民众重新组织起来。城乡各级政府采取各种措施努力恢复和发展生产，保证基本生活用品的供应，稳定物价，安排就业，在较短的时期内，迅速恢复了经济，基本解决了市民的温饱问题，人民生活得到了初步改善。随后一段时间，北京市通过政治和行政动员，以中央集权的计划形式配置社会建设资源，注重社会公平，重点发展了一些首都急需的社会事业，取得一定成就，为北京市民的社会生活创造了必要条件。

在计划经济时期，少数没有编进单位的城市无业居民主要由所在居委会组织参加生产劳动并提供相应的服务管理。居委会作为当时经济社会结构的一个补充，也可以为城市无业居民提供一定的生活物资，因此是社会主义计划经济条件下社会分配制度的组成部分，是社会生活的另一个空间载体。但居委会在当时的社会空间中处于相对边缘的地带，在城市社会生活中主要发挥辅助性作用。当时的居民委员会一般内设治安保卫、调解、卫生和社会福利委员会，主要承担治安保卫、调解、卫生和社会福利等工作，但这些职能和工作并不稳定，提供的服务和福利相对有限。居民（家属）委员会作为群众性自治组织，主要任务是办理有关居民的公共福利事项，向人民政府反映居民的意见和要求，发动居民响应政府的号召，遵守法律和法令等。很显然，当时的居民委员会就是作为单位制的重要补充而存在的。

1958年后，北京城乡掀起了"大跃进"、人民公社化运动，导致刚刚走上正轨的居（家）委会组织及其工作受到很大冲击，为城市居民提供生活物资等职能受到较大影响。从事街道工作的大批积极分子被动员出去参加生产和福利工作，从事经济生产成为当时最重要的工作，导致居委会组织一度变得很不健全，居委会工作难以正常开展，居委会作为从属性社会组织的作用受到进一步削弱，居民的社会生活受到一定的影响。如东城区交道口办事处第四居委会，原有居民小组副组长以上的街道积极分子94人，被动员出去参加正式就业2人，动员参加街道生产或福利工作68人，迁出本地区4人，因年老体弱或家务重不能继续参加工作13人，坚持做街道居民工作的仅剩下7人。城乡人民公社化之后，北京市的许多居委会实际处于被取消状态，特别是农民和居民混居的地区，公社领导的精力主要都集中在农业生产上，居民工作无人过问，居民委员会基本上处于可有可无的地位。

1959年6月，中共北京市委街道工作委员会在调查研究的基础上，提出《关于整顿街道居民委员会组织的请示报告》，决定对街道居民委员会组织进行整顿和改选。到1961年4月，全市居民委员会大部分进行了整顿和改选，居民委员会的规模进行了必要的调整，居民工作积极分子从退休职工中得到一定的充实和补充。据记载，1961年，北京市东城、西城、宣武、崇文四区的47567名积极分子中，新入选的积极分子有25680人，占积极分子总数的54%，街道和居民委员会工作得到一定恢复。1966年"文化大革命"开始后，居民委员会的建设又遭到极大的破坏，基层居民工作受到严重冲击，一些生活物资的供应一度处于相对紧缺状态，市民的日常生活受到一定的影响。

三、从"单位"到"社区"的生活载体转向

改革开放以来，随着经济社会和科学技术的快速发展、城市规划建设理念的不断更新和改革事业的全面深化，很多单位进行了多轮改革，逐步将服务等职能归还给社会，原来的学校、医院等逐步移交给地方政府，食堂、澡堂、物业、理发等通过购买等方式外包给外面的企业负责运营或提供服务，外资企业、私营企业等新型经济组织及个体工商户、职业经理人、自由职业者等新社会阶层不断涌现，经济组织和社会组织日益多元化，原有的"单位制"社会逐步被多元化社会所替代。有学者指出："整个社会逐步由所谓'再分配经济'向市场经济转型；资源分配机制的多元化和资源获得替代性的发展，使得社会的组织性结构发生极大分化；资源分配机制和资源获得替代性以

及单位组织的变化，使得个人或者单位成员对单位的依赖性同样有所减弱。……单位组织对国家、个人对单位组织的全面性依赖有所减弱，但依赖关系的实质没有根本改变。"[1]"'单位制'空间不断弱化和转变，商品住宅区、高新技术开发区、都市商业核心区和游憩商业区等新兴空间逐步占据传统单位大院的空间位置。"[2]农村地区的人民公社早已取消，取而代之的是乡镇人民政府，相应的社会职能也逐步回归社会。"随着中国经济体制和政治体制改革以及中国经济的不断发展，中国社会中那种高度集中和一体化的统制体制已经逐步松动，一些新的结构性要素正在逐步产生，并日益发育成熟起来。……对单位制度和单位组织形成了冲击，并在一定程度上改变了原有的单位制度和单位组织状况。"[3]城乡社区日益成为北京社会生活的重心，成为市民社会生活的主要载体。社区与居民生活的关系日益紧密，"社区人"成为新时期绝大多数市民的身份标记。

从改革开放后的1979年到2012年10月党的十八大召开前，北京市的基层居民委员会逐步恢复。1986年，社区服务的概念被引入到北京城市管理工作中来，居民委员会开始为城市居民提供一些必要的社区服务。1989年12月26日，第七届全国人民代表大会第十一次会议通过《中华人民共和国城市居民委员会组织法》，居民委员会的法律地位得到确认。1991年，社区建设的概念被提出并被纳入国家的行政管理范围，社区建设开始得到更多的重视。从此，社区工作的内容日益丰富，社区服务、社区文化、社区环境、社区安全等成为居民委员会的重要职责，居民委员会、社区服务站等社区工作机构不断健全。居民委员会成立六大工作委员会，在社会生活中的地位和作用日

---

① 李路路、李汉林：《中国的单位组织：资源、权力与交换》，杭州：浙江人民出版社，2000年版，第4—8页。

② 杨人豪、杨庆媛、陈伊多、曾黎：《"单位制"城市向"街区制"城市转变的空间生产研究》，《城市》，2017年第3期，第50页。

③ 李路路、李汉林：《中国的单位组织：资源、权力与交换》，杭州：浙江人民出版社，2000年版，第4—5页。

益突出。

北京市居民委员会的建设受到重视。1983年，北京市人民政府转发市民政局等10个单位拟订的《关于开展先进居民委员会活动计划》的通知，在全市开展争创先进居民委员会的活动，有力地推动了北京市居民委员会的建设工作。"先进居民委员会"的五好条件是社会治安综合治理好、环境卫生绿化好、计划生育工作好、居民新的道德风尚树立好、社会公益事务办得好。各区还制定了争创先进居民委员会的具体措施、评比条件和奖励办法。1983年，全市共评出市级先进居民委员会标兵17个、市级先进治保居民委员会标兵19个、市级人民调解工作先进集体标兵20个、市级计划生育红旗单位10个、市级爱国卫生运动红旗单位25个[①]。争创先进居民委员会等活动的开展，意味着居委会在社会生活中的重要性突显和地位提升，居民委员会工作的规范性要求也逐步提上议事日程。

北京市居民委员会的换届选举工作逐步走上正轨。1988年上半年，北京市东城、西城、宣武、崇文、朝阳、海淀、丰台、石景山、门头沟、房山等10个区[②]的居民委员会进行了一次换届选举，共选出居（家）委会3424个，居民委员会主任3386人、副主任13264人，委员26866人，居民小组长55662人。截至1988年11月，全市共有居民委员会正副主任16633人，委员、组长和积极分子9.8万人[③]。

这一时期，法律地位提升后的居民委员会建设得到加强。20世纪90年代初，北京开始社区建设，到2006年底，全市共建立社区2514个，社区逐渐成为进行社会管理的平台，以社区为基础的新型社会管理体系逐步形成。1991年4月，北京市对全市4000多个居（家）委会进行了统一的换届选举。经过改选，全市共有居（家）委会4262个，正副主任10920名，委员6774名，各工作委员会委员、居民

①③　北京市地方志编纂委员会：《北京志·政务卷·民政志》，北京：北京出版社，2003年版，第46页。
②　2010年，经国务院正式批复，北京市崇文区与东城区合并成为东城区，宣武区与西城区合并成为西城区。

小组组长共140047名。经过改选，北京市居民委员会成员中离退休人员13320人，占居民委员会工作人员总数的75.3%；党员6913人，占总数的39.1%；高中以上文化程度的3758人，占总数的21.2%；65岁以下的15904名，占总数的89.9%[①]，居民委员会工作人员整体素质明显提升。20世纪90年代中期，城市中的"单位"体制开始解体，基层街居制向功能复合化转变，承担了很多社会管理职能。

在探索社会主义市场经济体制的过程中，北京的社会建设资源配置方式也逐渐摆脱计划体制，按照市场体制的基本方向进行了社会事业体制的改革。改革的主要思路是，与政府机构改革和职能改革同步，重新厘定国家与市场、社会之间的关系，改革事业单位管理体制，向市场和社会让渡一部分社会建设职能。

探索居民委员会试点直选。2002年，北京市东城区北新桥街道九道湾社区实行"差额直选居委会"，开创北京市乃至全国城市社区直选居民委员会的先河。以此为契机，北京开始深化居民委员会改革，着眼于构建新的社区组织体系，将社区所辖地区面积规定为0.5平方公里，社区居民1000～3000户，基本划定了社区的规模和范围。

20世纪90年代以后，北京市人大常委会制定《北京市村民委员会选举办法》，实施村民委员会组织法若干规定和村民委员会组织法办法等，进一步完善城乡自治制度体系。北京市在农村地区普遍实行村民代表会议制度，重大事项由村民代表会议决策，村规民约和村民自治章程普及率达100%[②]，村民自治章程对农民的约束力明显提高。

四、与市民社会生活紧密相连的城乡社区

为了应对城市规模不断扩张及城市新增人口不断向外推移的趋势，从2006年开始，北京市在城乡接合部地区进行了以地区综合治

[①]　北京市地方志编纂委员会：《北京志·政务卷·民政志》，北京：北京出版社，2003年版，第47页。

[②]　中共北京市委党史研究室：《中国改革开放全景录：北京卷》，北京：北京出版集团公司/人民出版社，2018年版，第242页。

理委员会、村庄社区化管理等探索，逐步将城市社区的一些服务管理经验移植到城乡接合部社区，对完善基本公共服务、改善社区环境、维护秩序、保障安全，发挥了较好的作用。2010年，北京市在大兴区召开现场推广会，要求在全市推广农村社区化管理，对北京城乡接合部地区和农村地区的社区建设发挥了较好的推动作用。后来，美丽乡村建设、乡村振兴战略等一系列建设农村社区的政策措施不断出台，北京农村地区的基础设施得到较好的改善，公共服务日益完善，人居环境不断优化，给北京农村地区居民的生活带来了可喜的变化。

2012年11月，党的十八大召开，中国经济社会发展从此进入了新时代，社会主要矛盾已经转化为人民日益增长的美好生活需要和不平衡不充分的发展之间的矛盾，但社会的基本矛盾依然没有变化，处于社会主义初级阶段的总体判断没有变化。以习近平为核心的党中央反复强调要推动社会治理重心下移，在这一精神指引下，各地的资金、资源、人力等纷纷下沉到基层，向问题产生处汇集，将社会服务的需求与资源匹配在一起。倡导党组织、政府、社区、驻区单位、社会组织和居民群众等多元主体在社区的共治已经成为新时代北京社会生活的一个重要特征。随着社区规模的扩大，老旧小区综合整治改造资金、政府购买社会组织专项服务、社区公益金、党建服务群众经费等资源不断地流入社区，社区能够支配的资源日益增多，解决社区问题的能力不断增强，社区在市民社会生活中的地位日益重要，社区已经发展成为城乡基层公共事务的重要治理平台。社区不再仅仅与少量城市居民的生活相关，而是与广大市民的社会生活紧密相关，直接影响着居民的社会生活质量。

2019年11月27日，北京市第十五届人民代表大会常务委员会第十六次会议审议通过《北京市街道办事处条例》和《北京市生活垃圾管理条例》。《北京市物业管理条例》也几经修改，于2020年3月27日北京市第十五届人民代表大会常务委员会第二十次会议审议通过。法律规范不断介入基层社会治理、城市管理、公共服务以及生活垃圾、物业管理、文明行为等一系列与城乡居民日常生活紧密相关的领域，为城乡居民的日常行为和社会交往提供了可以借鉴遵循的行为规范。这一系列地方法规的内容与基层社会治理紧密相关，与广大市民的日常生活紧密相关，对北京基层社区生活产生深远的影响。

第二节　更加精细、更加精致的社区生活

改革开放以来，中国社会的最大变化，就是经济社会变革不断深化，社会主义市场经济地位逐步确立，社会的物质财富不断增加，人民的生活水平日益提升，人民对自己生活的城市要求越来越高。"城市让生活更美好"，成为新时代人民对城市治理提出的新要求。城市政府不能再仅仅简单地"经营城市""建设城市"，更要学会管理城市，完善城市功能，健全城市服务，提升城市品质，带领社会各方共同治理城市，管控好城市的风险，让城市既有活力，又有安全秩序，既有"时代范"，又有生活的内容和品质。

因此，我们可以看到，北京社区生活经历了较长阶段的变化，社区工作的内容在不断地深化拓展，从20世纪80年代中期倡导的社区服务，到20世纪90年代初提出的社区建设，再到新世纪社区治理背后的生活变迁，北京的社区建设工作发生了质的变化。在城市治理过程中，北京还探索创新了"网格化管理"、"街乡吹哨，部门报到"和"接诉即办"等工作机制，开展"书香北京"等活动，推广新时代文明实践中心建设，北京社会生活经历了从"科层制"向"扁平化"的变化，开始从被动治理走向主动治理，北京的社区生活从以社区建设为主，进入社区建设与治理并重，再到以社区治理为主的新阶段，社区生活的内容和形式发生了很大变化。

一、从社区建设到社区治理的转变丰富社区生活

随着城市人口的不断增长，原有计划经济体制下的商品流通体制已经难以满足城市居民日益增长的物质文化生活需要，城市居民对商品、服务等各方面的需求日益增长。在政府的鼓励引导下，各种所有制形式的新经济组织如个体经营户、便民商店、便民服务网点等作为公有制粮店等的补充在城市里不断地产生，基本上将原有的国有粮店等挤出市场。20世纪80年代中期，国家民政部门敏锐地感觉到城市

的社区服务是城市工作中的一块短板，旗帜鲜明地提出要大力发展社区服务。北京市积极响应国家号召，倡导各种社会主体积极提供社区服务，社区服务中心作为区域性社区服务综合提供体在各街道辖区里陆续出现。20世纪90年代，中国提出社区建设概念并推进社区建设，以北京市社会科学院一批学者为代表，开始将国外的社区发展经验介绍到国内。在社区建设的进程中，北京于1993年和1996年召开两次街道工作会议。从1998年到2004年，北京市召开5次城市管理工作会议，社区的规模普遍得到调整，社区工作越来越受重视，一大批优秀的中青年人才走上社区工作岗位，社区工作者的形象和地位得到稳步提升。1998年，北京市召开第一次城市管理会议，市委、市政府下发《关于进一步深化城市管理体制改革的意见》，正式将街道办事处纳入财政保障体制，街道办事处的职能定位发生了巨大的变化。1999年，北京市召开第二次城市管理会议，以强化街道综合管理职能为核心，推进"条专块统"改革，探索综合执法，街道办事处的职能得到进一步强化。2001年，社区建设由民政部门推动上升为国家战略，北京市召开第三次城市管理会议，市委、市政府下发《关于推进城市社区建设的意见》，北京社区建设进入快车道。2002年，召开第四次城市管理会议，强调各级政府要着眼于转变职能，从实际出发，做到简政放权，深化社区建设，初步提出了"条块关系"问题。2004年，北京市召开第五次城市管理会议，对街道办事处的职责定位有了新的认识，强调要转变政府职能，加快城市社会管理和公共服务。

2000年后，北京的社区建设进入新的发展时期，涌现出东城区北新桥街道办事处九道湾社区居民委员会直接选举、石景山区鲁谷社区体制改革、西城区广外街道的社区评估指标体系、魅力社区评选、新时代文明实践中心等创新活动，成为这一时期北京社区建设的主要亮点。

2002年8月17日上午，在相关专家的指导下，东城区北新桥街道九道湾社区举行直接选举大会①。直接选举大会的会场设在东城区东四十三条小学操场上，会场设置选民接待处、候选人图文介绍、社区建设剪影、投票处等功能区，会场四周都是选民填写选票的隔离间。九道湾社区通过组织全体有选举权的居民直接投票的方式选举产生社区居民委员会成员和居民代表，是北京市首次直接、差额选举社区自治组织成员，在北京市社区建设史上具有十分重要的意义和价值，是北京社区政治生活的一件大事，意味着北京社区建设工作的重大进步。九道湾社区地处北京市东城区，处于首都中心城区的核心位置，是一个典型的平房社区，共有1100多户居民，选择在东城区九道湾社区进行社区直接选举，在北京乃至全国都具有很好的示范作用，吸引了包括中央电视台、新华社等国家级媒体在内的境内外大量媒体的关注。

2003年开始的石景山区鲁谷社区体制改革，是北京早期探索社区建设的另一项重要创举。为了探索北京城市社区建设之路，2003年6月18日，石景山区在计划成立鲁谷街道办事处的时候，果断将新成立的鲁谷街道改为鲁谷社区，在鲁谷社区成立行政事务管理中心②，实行"大部制"制度，探索"大社会、小政府"的架构，成为全国街道社区改革试点，为未来北京街道办事处体制改革提供了宝贵的经验。尽管后来鲁谷社区正式更名为鲁谷街道办事处，但鲁谷社区体制改革特别是大部制改革依然为北京社区建设留下了重要的一笔财富。

2004年11月，宣武区广外街道率先制定了"五星级和谐社区评估指标体系"，2013年，这一评估指标体系修改调整为"社区多元治理评估指标体系"。党的十六大后，党中央提出了创建社会主义和谐社会的伟大构想，这一伟大构想落实到基层，就是和谐街道、和谐社区的建设。广外街道联合专家于2004年11月研究制定出"五星级和谐社区评估指标体系"，决定从社区服务、社区文化、社区安全与

---

① 邹阳辉：《社会主义民主的新亮点——北京东城区九道湾社区直接选举的前前后后》，《人权》，2002年第5期。

② 闫欣雨：《崔章程：鲁谷社区的"主心骨"》，《新京报》，2013年6月18日。

稳定、社区居民自治、社区党的建设5个一级指标来测量社区的和谐程度。该指标体系每年聘请北京市社会科学院学者作为独立的第三方进行评估。评估采取查阅社区建设资料档案、听取社区居民委员会汇报、与居民代表座谈听取居民意见建议、向居民发放调查问卷、社区实地考察、查阅相关指标数据等方式，全方位考察各社区各方面工作的表现及实效。特别是把居民满意度放在很重要的位置，居民满意度得分如果低于指标的90%，则该级指标不达标，与指标实际得分构成两层达标机制，形成以居民评价为主的社区建设模式。后来，这一评估指标体系被修改调整为"社区多元治理评估指标体系"，但以居民评价为主的模式依旧保持，成为广外街道指导社区建设的"定海神针"。"评估指标体系"成为广外街道新入职的社区工作者开展工作的入门老师，有力地推动了广外街道的社区建设，并成为辖区人大代表、政协委员和居民群众监督指导评价社区工作的重要凭据。后期，也不断有其他街道来学习借鉴广外街道社区建设治理评估的经验。

2006年，由北京城市管理广播联合北京电视台财经频道、北京晚报、北京晨报、搜狐公司焦点网、北京社区网等媒体共同举办，来自北京大学、清华大学、中国人民大学、中国青年政治学院、北京市社会科学院、中共北京市委党校等单位的社区建设专家担任指导顾问的北京魅力社区评选活动在北京市举办。魅力社区评选活动通过魅力排行、魅力秀场、魅力论坛、魅力探访、专业调研等方式，推动了北京基层社区工作的交流，成为引领北京社区建设的另一个重要创举，引发了国内兄弟城市对北京社区建设工作的广泛关注。"魅力社区"评选活动由专家、媒体团和居民群众等共同投票，每年评选出"十大魅力社区"和10个"魅力社区"单项奖，在北京城乡掀起了"魅力社区"创建的热潮，前后共推出近百家"魅力社区"，其中不少"魅力社区"成为北京市知名度很高的明星社区，一批社区工作者和社区居民因为自身优异的工作表现和演讲感染力在魅力社区评选活动中脱颖而出，成为全市甚至全国优秀社区工作者和志愿者。"魅力社区"评选活动倡导"大事小事有人管""日常生活很方便""社区安全有保障""应急处理很及时""环境优美设施全""环保措施见成效""饲养宠物不扰邻""停车文明又有序""邻里和睦风尚高""文体活动多又好"。这些评选标准凝聚了北京的媒体和专家学者们对理想社区的朴素构想，代表了当时社会各界对美好社区生活的认识。后来，魅力社区评选活动得到了北京市社区建设办公室等政府部门的大力支持，成为北京各级党委政府指导推进社区建设的一个重要抓手。

二、建设开放共享的社区共同体

让社区生活更加美好，不仅是一种理想的社区生活目标，更是值得拿出实实在在的行动并为之付出努力的实践。为了实现社区更加美好的目标，北京市坚持以人民为中心的发展思想，围绕"七有"要求和"五性"需求，抓好民生改善和保障工作，以为民办实事的成效检验党员干部的担当作为，切实增强群众的获得感、幸福感、安全感。因此，美好社区生活是现代社会生活的具体体现，从可以衡量的角度看，美好社区生活可以用"获得感""幸福感""安全感"来表示，是开放的、互动的、共建的、共治的、共享的。这"三感"结合在一起，体现了社区生活的追求目标，既包括物质的需求，也包括心理和精神的需求，是判断社区共同体的一个重要指标。开展社区建设、提供社区服务、推进社区治理的一个重要目标，就是努力提升居民的"三感"，建设开放共享的社区共同体。那么，提升居民"三感"的路径是什么呢？习近平总书记在听取《北京城市总体规划（2016年—2035年）》汇报时指出的"精治"、"法治"和"共治"，就是提升"三感"的重要路径。

一是坚持以精治为手段，划小服务管理单元，推广网格化服务管理，让服务资源最大可能地贴近服务管理需求。随着经济社会的向前发展和人民素质的普遍提高，人民对美好生活的要求越来越高，个性化、差异化的要求越来越多，简单划一的、统一要求的工作方法越来越难以适应社区生活的需求。因此，以精细化为基本方向，对社区进行精细化治理，成为新时代社区治理的主要选择。这就要求社区工作进一步下沉工作重心，划小服务管理单元，落实网格责任人，配置相应的服务管理资源，从不同服务管理单元的工作基础、实际情况及面临的问题出发，着眼于满足服务管理单元内居民的呼声和需求，制订个性化、差异化的治理方案，做到"一网格一策""一事一方案"，增强政策措施与工作方案的针对性和实用性，通过"精治"的手段，用绣花的功夫，把居民关心关注的重点、热点、难点问题解决好，处理好各方利益关系，促进各方主体关系的和谐，让居民参与，让居民分享，让居民认可，让居民满意，让居民快乐，让居民的生活更便利、更安全。

二是坚持以法治为保障，倡导良好的道德风尚，不断规范社会生活行为规范，提升城乡居民综合素质。所谓"法治"，就是以民主为前提和基础，以严格依法办事为核心，以制约权力为关键的社会管理机制、社会生活方式和社会秩序状态。体现在基层社区生活中，就是社区生活的各方面要加强立法。近些年，北京市陆续颁布了《北京市街道办事处条例》《北京市物业管理条例》《北京市生活垃圾管理条例》《北京市文明行为促进条例》等，这些地方性条例与基层社会治理密切相关，为基层社会治理各方主体提供了行为规范。在社区治理的过程中，有了这些法律规定，困扰基层社会治理的很多难题得到解决。在这个过程中，各行政单位、街道办事处（乡镇人民政府）、社区居（村）委会等以宣传这些条例为抓手，引导广大居民形成新的生活行为规范，不断改变以往不文明的生活习惯。

三是坚持以自治为抓手，组织动员城乡居民开展邻里守望等活动。北京市一直有着组织群众、发动群众、依靠群众的优良传统。在社区建设和治理的过程中，北京市逐步产生了"朝阳群众""西城大妈""海淀网友""丰台劝导队""东城社工""石景山老街坊"等群防群治知名品牌，建立了众多居民自治小组、居民协商议事会、居民听证会、楼管会、自管会、物管会等自治组织，产生了"小巷管家""守望岗""志愿服务岗"等群众自治岗位，以新时代文明实践中心为依托，进一步开展丰富多彩的新时代文明实践活动，推动社区治理不断深化。通过组织居民"自治"来实现自我管理、自我服务、自我教育、自我监督，不断提升城乡居民的获得感、幸福感、安全感，这是北京社区治理持续推进并具有旺盛生命力之关键所在。

三、走向未来的社区生活

建设和管理好首都，是国家治理体系和治理能力现代化的重要内容。适应新时代社会主要矛盾的变化，北京的城乡社区生活必须从他治他律走向他治他律与共治自律同频共振，要坚持以精治为手段，以法治为保障，以共治为方向，继续创造具有首都特色、首善标准的社会生活。北京的社区治理开始从以往的"被动式治理"走向主动治理，鼓励基层积极探索创新"未诉先办"的各种做法，引导居民广泛参与共治。同时积极将物联网、人工智能、云计算、区块链等现代科技手段引入社区治理和社区生活中，让居民的生活更加便利，不断扩大社会服务的供给主体，拓展社会服务的供给渠道，通过各种方式引导市民参与城市治理，通过民主协商等方式，共同决定社区问题的治理方案，监督城市的管理运行，在社区中适应未来智能化生活，全面推动智能化社区建设，不断提升市民社会生活的便利性和便捷度，让居民未来的社会生活更加美好。

第三节 精治、法治、共治提升居民"三感"

北京社会生活终究是广大市民的日常生活，城乡社会生活既需要广大市民的参与，更需要广大市民的共建，市民是创造北京社会生活的主角。城乡社会生活需要广大市民的创造，社会生活的成果需要广大市民的共享，没有共享的社会生活难以长期存续。如何让广大市民更好地共享社会生活，是未来城市治理的一个重大课题。城乡社会生活究竟好不好，最终要由工作、居住、生活在城乡社区的广大居民来评价，社会生活的质量高低要由参与社会生活的广大市民说了算，社会生活的好坏要由创造社会生活的市民来评价，这就需要在如何共建、共治、共享上下功夫。2020年初暴发的新冠肺炎疫情，对北京的社区治理形成了严峻的挑战和考验。北京市依靠坚实的基层组织体系和扎实的社区建设与治理，广泛动员驻区单位、物业管理公司、在职党员、志愿者等，筑牢了防控疫情的人民防线，先后经受了武汉疫情、境外输入疫情及新发地批发市场聚集性疫情的冲击，有力地阻击了病毒在社区的传播，为北京打赢疫情防控阻击战、整体战交出了一份优异的社区答卷。通过不断地推进精治、法治、自治，不断提升广大市民的获得感、幸福感、安全感，推动社会生活质量的提升，创造未来更加美好的社会生活。

一、多层次、多类型的社区治理体系"去民烦"

与广大市民社区生活息息相关的，是北京市正在不断深入的社区服务、社区建设和社区治理。自2000年社区规模调整以来，1000～3000户是北京划定社区的主要依据之一，但现实中由于多种原因，多于3000户甚至达到5000户的大社区依然有不少。无论是1000户的社区，还是超过3000户的大社区，其实一直都面临着问题异质性与治理同构性之间的矛盾。也就是说，名义上是同一个社区，实际上社区的不同院落、不同楼栋、不同小区，其房屋的产权性质、居民构成及面临的问题是不相同的，因此很难用同样的资源、人力和方法解决问题。在一个院落、楼栋、小区有效的做法，换一个院落、楼栋和小区就可能无效，这是现实生活中经常发生的事情。同时，北京市在快速的城市化进程中，城市在向外围扩张的同时，也在不断地向上生长，甚至往地下延伸，形成了多元混合的社区类型。从以前产权单位为主导的单位大院小区到住房改革后的混合型小区，从中心城区的平房院落小区到越来越多的楼房小区，从散布全市的老旧小区到面貌一新的新建小区，从环境脏乱的城乡接合部混居小区到环境优雅的高档别墅小区，从农民迁居小区到市民安置小区，从办公商务为主的商业小区到纯居民小区，从单位后勤管理小区到物业管理小区，从无物业管理小区到准物业管理小区，等等，单一的社区治理模式显然难以适应这一复杂的现实需要，为适应基层社区治理的现实需要，更好地解决居民的"烦心事"，有必要构建多层次、多类型的社区治理体系。

概括来说，北京的社区治理体系主要包括市、区、街道（乡镇）、社区（村）、网格（院落、楼栋）5个层级。其中网格（院落、楼栋）层级的治理主要是由居民自我组织，或在居委会指导下由居民自治管理为主，动员居民自主参与的治理，主要解决百姓日常生活中遇到的常见问题和简单问题，这类问题约占总数的10%～15%。社区（村）层级的治理主要以居民委员会为主导，或者在街道指导下，社区党组织、社区居民委员会、社区服务站、驻区单位和居民一起，共同解决社区范围内的各种问题，这是社区治理最重要的层级，占总量50%左右的问题可以在这个层级得到解决。街道（乡镇）层级的治理主要包括街道（乡镇）各内设科室、派出机构或街道（乡镇）领导层面协调解决，这类问题占基层问题总量的30%左右。大概还有5%～10%的疑难问题在街道（乡镇）层级及以下层级难以得到解决，必须由区级政府部门或多个部门协同才能解决，有时甚至需要市级部门协同才能解决。市级层面主要负责社区建设、社区治理等政策的制定及财政资源的配置。社区治理体系中的不同层级是为解决不同程度的问题而设置的。

社区治理体系还与社区的性质或关系紧密，不同的社区有不同的治理体系，从而形成多类型的社区治理体系。根据社区建筑类型，可以划分为单位大院社区治理体系、房改房混合社区治理体系、平房院落社区治理体系、楼房社区治理体系、高档别墅社区治理体系等；根据社区建立的时间划分，可以划分为老旧社区治理体系和新建社区治理体系；根据社区位置或居民结构划分，可以划分为城乡接合部社区治理体系、农民迁居社区治理体系、市民拆迁安置社区治理体系；根据社区功能划分，可以划分为商业社区治理体系、纯居民社区治理体系；根据社区物业管理的差异划分，可以划分为物业管理社区治理体系、无物业管理社区治理体系、准物业管理社区治理体系；等等。

不同类型的社区治理体系主要是为了适应不同的社区情形、解决不同的社区问题而产生的。即使是同一类社区，其社区治理体系也存在着一些差别。当然，不同类型的社区治理体系既有一定的不同，也有不少共同的特点，因此，同中有异、异中有同，是不同类型社区治理体系的共同特点。无论是哪种类型的社区治理体系，都是为了加强社区服务，推进社区建设，完善社区治理，都是共同为市民的社区生活助力加油的。为了更好地解决居民遇到的问题，必须组织动员更多主体、更多资源、更多力量，因此每个层级、每个类型的社区治理体系都必须朝着共建、共治、共享的目标努力迈进。

二、"政府治理"与"居民自治"良性互动"了民愁"

当前，北京的社区和中国大陆地区其他城市的社区一样，处在社区建设和治理的深化阶段，"政府治理"需要继续深入，"居民自治"需要进一步完善，"政府治理"与"居民自治"需要形成互为促进、互相推动、相互补充的良性互动关系，共同将居民愁心的问题解决好。

在社区生活中，处处显示着"政府治理"的存在，提醒市民必须遵守国家的法律规范及权威的意见、组织的劝导等。首先，在社区中生活，遵守国家法律法规是基本要求，凡违反国家法律法规的行为，必受到法律的惩处，已经成为法治社会的基本共识，这为社区生活营造了正常的社会秩序。其次，社区党组织、社区居民委员会、社区警务站、社区服务站、社区志愿者团体及其他社区"草根"组织由于与居民的联系紧密，成为社区秩序的重要维护者，是"政府治理"的重要依托。"政府治理"是社区建设与治理不可缺少的重要手段，是社区治理的重要依靠资源。

在社区党组织的领导和社区居民委员会的指导下，居民以网格、院落、楼栋等为自治单元，通过楼管会、自治小组、网格自治会、微信群、业委会等形式把居民组织起来，一起关注社区的公共事务，一起商量社区的共同事务，一起探寻社区建设的路径，一起维护社区的秩序，一起守护社区的环境，一起解决社区的问题，互帮互助，一起建设社区共同的家园。居民是社区治理最持久的力量，"自治"是社区治理的核心内容，居民自治是社会主义基层民主的具体表现形式，居民是社区生活的主要创造者。居民"自治"的过程既是居民主体地位逐步确立、自治主体队伍不断扩大的过程，也是居民自治意识不断升华、自治能力不断增长的过程。居民"自治"的过程，既是居民自己发现问题、自己解决问题、温暖自己又温暖他人的过程，也是居民主动创造新生活、共创美好幸福生活、建设社区生活共同体的过程。在这个过程中，居民通过"自治"意识到自身的主体地位和自身的角色，在社区中寻找并定位自己的位置，找到发挥自己作用、主动解决问题的方式，事实上也是居民不断发展、不断成长、不断超越自己的过程。

在社区治理的过程中，"政府治理"与"居民自治"是相互依存、相辅相成、良性互动的关系。如果只有"政府治理"，而缺乏足够的"居民自治"，这样的社区只是"行政"严密控制下的被动对象，还不是真正的社区；如果只有"居民自治"，而没有一定的"政府治理"，"居民自治"就可能走偏方向，最终导致"居民自治"难以为继。因此，"政府治理"与"居民自治"不但没有矛盾，而且还是相互依存的。同时，适当的"政府治理"对"居民自治"是促进，推动治理规范的形成；适当的"居民自治"对"政府治理"是补充，有利于节省治理的成本。基层党组织、居民委员会等基层组织要通过传统动员和现代动员等多种动员手段相结合，将信用体系引入社会生活领域，组织居民积极参与社区治理、社区建设、社区服务等，打造人人有责、人人负责、人人享有的社区生活共同体，建设更有温度、更人性化、更适宜居住的社区，将居民愁心事解决好，让社区生活更加美好。

三、创新中的"吹哨报到"与"接诉即办""解民忧"

在北京这样一个常住人口超过2100万的超大型城市中，人、财、物、信息等高度集聚，国内国际重要活动多，高校科研机构密布，民航、高速铁路、高速公路、地铁、公共交通、地市路网、管道运输等将世界各地的人、财、物、信息等紧密地联系起来，城市快速地与自然界进行着物质与能量的交换，物质与能量的消耗巨大，产生的垃圾和废物数量惊人。当前，北京城市运行的速度越来越快，城市早已进入一个非常复杂的运行状态中，社会生活的反应要求越来越快，要求城市快速地对城市运行的情况和问题及时做出反应，原来以科层制为主要内容的城市治理体制已经难以适应新时代的城市运行和城市生活的要求。因此，强化街道办事处和社区在城市管理中的基础地位，构建具有首都特色的超大城市治理体系，成为新时代城市治理创新的强烈呼声。从此，以推动社会治理重心下移和扁平化管理为主要特征的"吹哨报到"和"接诉即办"等工作机制不断地被创造出来，大大地提升了北京城市运行的效率，适应了新时代城市社会生活的需求，为北京市的城市社会生活增添了新的动力。

2016年5月15日，平谷区金海湖镇发生非法盗采金矿的矿难，造成6死1伤的惨剧①。类似这种非法盗采金矿、偷挖砂石的事件多

---

① 中国领导科学研究会课题组：《党领导基层治理的实践探索和理论启示》（内部资料），2019年4月。

年来屡禁不止，原因就是城市管理中存在的"条块"问题，往往是"看得见的管不了，管得了的看不见"，两者之间缺乏有效的衔接。为有效解决这类治理难题，平谷区委、区政府针对"乡镇与部门责任权力不匹配、协同机制不完善"的问题，将执法主导权下放到乡镇。乡镇一旦发现问题，就召集国土、环保等相关部门执法人员及时赶到现场，根据职责采取执法措施，不到位就问责，"事不完、人不走"，这一做法被概括为"乡镇吹哨、部门报到"。随后，平谷区逐步形成"三协同联合执法""9+X权力清单"等工作机制，有效地克服了部门职责不清、相互推诿的弊端，违法建设、安全生产等城市管理中的重点、难点问题治理得到明显改进。无独有偶，西城区什刹海街道办事处与什刹海风景区管委会也探索了"街道吹哨、部门报到"机制，有效解决了什刹海风景区管理中的条块协同难题。

平谷区的探索实践引起了北京市委、市政府的高度关注和肯定。2018年2月，市委在总结平谷区、西城区等经验的基础上，将之总结提升为"街乡吹哨、部门报到"，由市委办公厅印发《关于党建引领街乡管理体制机制创新，实行"街乡吹哨、部门报到"的实施方案》，提出加强党对街乡工作的领导、推进街道管理体制改革、完善基层考核评价制度等14项重要改革任务，围绕改革重点任务确定了169项基层治理试点，提出了基层治理体系改革的综合方案。"街乡吹哨、部门报到"坚持以问题为导向，着力形成到基层一线解决问题的机制。市委书记蔡奇指出，"'吹哨报到'是奔着解决问题去的，要坚持民有所呼、我有所应，立足于基层治理的需要，着力解决群众身边难事，注重取得实实在在的成效"。在实践中，北京推动街乡干部走近群众、贴近群众，抓住群众身边的难事、烦事、操心事，看准治理堵点，感受市民痛点，围绕问题找对策，实现治理重心下移、力量下沉、资源下沉，使"吹哨"更快更准，问题解决更有针对性。

2019年1月1日，"12345"市民服务热线街乡镇业务正式开通。"12345"市民服务热线成为"接诉即办"工作的中枢，成为市委、市政府抓基层的具体抓手[1]。北京市依托现代科学技术手段，将"12345"市民服务热线迅速打造成为牵动全市上下的"网红"热线。市委主要领导亲自抓、直接抓、"闻风而动、接诉即办"机制（以下简称"接诉即办"）成为城市运行的"晴雨表"、市民诉求的"呼叫哨"、党和群众的"连心桥"、领导决策的"参谋部"，成为与北京市民生活息息相关的"生活线"，在首都北京形成一道城市治理和基层社会治理的亮丽风景线。"接诉即办"是全市党建引领"街乡吹哨、部门报到"改革的进一步深化，是市委、市政府落实党的十九大精神，坚持"以人民为中心"的发展思想，紧扣"七有"要求和"五性"需求，推进超大城市精细化治理的机制创新，是推动习近平新时代中国特色社会主义思想在京华大地落地生根、开花结果的北京创造，是全市"不忘初心、牢记使命"主题教育的生动实践。建好"12345"市民服务热线，打造中枢服务平台，记住一个号码，办好一条热线，搞活一座城市，让北京城市社会生活活跃起来。2019年以来，"12345"市民服务热线共办理群众的操心事、烦心事、揪心事205万件。一批市民集中关心的老大难问题得到彻底解决。在"2019年全国政务热线发展高峰论坛"上，北京"12345"市民服务热线荣获"2019年度最佳服务案例奖"。北京坚持推进多网融合，一号响应。2018年以来，北京按照"便民利民、应并尽并"原则，推进各类民生问题热线的清理整合，将与群众生活密切相关、具有城市管理和公共服务职能的政府部门及公共服务企事业单位的43条便民热线和专业部门热线全部与"12345"市民服务热线对接整合，打造综合型市民服务热线大平台，实现咨询、建议、举报、投诉"一号通"。整合诉求渠道，建设并完善涵盖"人民网"地方留言板、国家政务服务投诉与建议微信小程序、"国办互联网+督查平台"、政务微博、手机App的统一的互联网工作平台，打造从耳畔到指尖的全方位服务热线。市民来电，件件有回音、事事有落实。从政府方便到群众方便，

---

① 姜岭:《闻风而动 接诉即办》,《前线》,2019年第11期。

追求的是服务效果，体现的是以人民为中心的发展理念，展示的是北京市各级党委政府的为民情怀。

从"吹哨报到"到"接诉即办"，就是把基层的声音和群众的呼声，让相关政府部门和公共服务部门能够听得到，看得见，解决"看得见的管不了，管得了的看不见"的问题，引导相关政府部门和公共服务部门工作人员能够将市民的呼声作为履职的指令，将服务便利市民生活作为自己工作的第一要务，让广大市民能够对涉及城市运行、社会生活的方方面面工作进行监督、投诉、参与，让每一位市民都能够成为城市治理的参与者和监督者，初步探索了一条党领导基层治理的路径。

后　记

　　编写《北京社会生活创新》这本书是有相当难度的，难度在于这本书是与首都北京相关的书，在于"社会生活创新"这一概念的内涵与外延尚未有准确的理论性解释，在于在社会生活变迁视角下既要展现北京社会生活的某一时段切片，又要展示中华人民共和国成立70多年来全景时段影片，在于它承载着迈向中华民族伟大复兴的大国首都的光荣与梦想。

　　本书是"北京文化书系·创新文化丛书"中的一本，是中共北京市委宣传部委托我院进行研究的重大课题。课题任务下达后，北京市社会科学院党组书记唐立军，党组成员、副院长鲁亚高度重视本书撰写工作，要求院科研处、智库建设与管理处及相关所处为本书写作提供支持，组织、调配研究力量，成立由我院社会学所、管理所、综治所、科研处等部门的科研骨干组成"北京社会生活创新研究课题组"。在本书撰写过程中，唐立军书记、鲁亚副院长亲自带领课题组同志反复构思、研讨和指导写作思路，认真贯彻落实市委宣传部主要领导和相关领域专家学者的意见建议，倾注了大量心血。本书撰写用了一年半左右的时间，数易其稿，反复斟酌修正，最终于2020年12月付梓。

　　这是一本北京百姓生活的故事汇，汇集了北京百姓日常生活中的衣食住行用、教育、医疗卫生与健康、文化休闲等民生面面观，也汇集了北京城市基层社会治理的实践探索。

　　这也是一本中华人民共和国首都的故事汇，汇集了中华人民共和国成立的历史时刻，以及中华人民共和国从百废待兴迈向中华民族伟大复兴的大国首都光辉历程。

北京百姓与全国各族人民共同见证社会主义国家首都美好生活的伟大奋斗与辉煌实践。

本书在构思和写作过程中，得到中共北京市委宣传部常务副部长赵卫东和副部长张际等领导同志的指导。赵卫东同志和张际同志亲自对本书策划及内容提供许多有益的建议，提纲挈领。在此，课题组对他们的亲力亲为表示衷心感谢！中共北京市委宣传部干部处汤冬玲等同志为本书的写作做了大量组织协调工作，在此表示衷心的感谢！

衷心感谢北京市社会科学院副院长赵弘研究员、首都经济贸易大学原校长文魁教授、北京师范大学首都文化研究院院长沈湘平教授、北京师范大学吴殿廷教授、北京市社会科学院沈望舒研究员、北京市政府研究室原副主任赵毅等专家学者，他们从专业的视角为本书的写作修改提供了宝贵的意见建议，贡献了诸多真知灼见，给出了北京社会生活创新实践的有益理论指引。

衷心感谢北京出版集团在本书出版过程中给予的关心和支持！

衷心感谢"北京社会生活创新研究课题组"的各位同仁。在本书构思和写作过程中，大家不辞辛劳，收集和参阅了大量的文献资料，进行了多方位的实地调查，充分吸收市委宣传部撰写工作要求以及相关领域专家意见建议。按照章节顺序，各章撰稿人如下：李晓壮（导论、第一章、后记）、鄢胜文（第二章）、陈学金（第三章）、毕娟（第四章）、景俊美（第五章）、李金娟（第六章）、包路芳（第七章）、袁振龙（第八章）。全书由唐立军、鲁亚审定写作框架、定稿书稿内容，李晓壮负责统稿工作。

社会生活创新，在理论上是一个全新的学术高地，社会生活的跃迁以及创新也是无止境的，人民的需求随着社会的进步不会戛然而止。本书所展示的是北京社会生活创新，突出反映的是首都社会生活创新的重要方面而不是全部内容，难免有所不足。同时，北京治理"大城市病"取得显著成效，但仍未根治，尤其在新冠肺炎疫情影响下首都民生及治理等领域暴露出一些短板弱项，距离人民群众向往的美好生活新期待还有不小的距离。这正是下一步首都率先迈向基本实现社会主义现代化新征程需要继续奋斗解决的问题。

由于水平有限，书中难免出现这样那样的不足，敬请读者给予批评指正。

北京社会生活创新研究课题组

2021 年 6 月 19 日